CHINESE

今日汉语

FOR TODAY

Exercises in Reading and Writing Chinese Characters

Compiled by
Huang Zhengcheng, Ding Yongshou,
Liu Lanyun, Qiu Yanqing, Li Jiyu,
Lu Jianji, Hu Huainian and Xiong Wenhua
of The Beijing Languages Institute

[BOOK 1]

CHINA BOOKS & Periodicals, Inc.

© 1986 by The Commercial Press, Ltd.

Chinese for Today—1
Exercises in Reading & Writing Chinese Characters

Compiled and written by
Huang Zhengcheng, Ding Yongshou, Liu Lanyun, Qiu Yanqing, Li Jiyu, Lu Jianji, Hu Huainian and Xiong Wenhua of The Beijing Languages Institute

Originally published by The Commercial Press, Ltd., Hong Kong.

Published by
China Books and Periodicals, Inc.
2929 24th Street, San Francisco, California 94110.

Printed by
C & C JOINT PRINTING CO. (H.K.), LTD.
75, Pau Chung Street, Kowloon, Hong Kong.
First edition, 1988

ISBN 0-8351-1841-X

Introduction

This book of exercises in reading and writing Chinese characters is to be used together with *CHINESE FOR TODAY*. It is made up of two parts. The first part consists of character recognition and reading, and the second part is about Chinese characters.

There are 35 lessons in the first part, each lesson is to be used together with its opposite number in *CHINESE FOR TODAY*. New characters in the text are listed in the list of new characters, with Chinese spelling and the original complicated form underneath each new character. These characters should be learned together with the word list of the text. Besides the list of new characters, the main items are exercises on character recognition and reading. These exercises are designed to help the students to learn how to use new characters, words and expressions newly learnt. Each lesson consists of exercises on the comparison of characters that are similar in shape, exercises on words and expressions and a short text. New words in the short text are listed with transcriptions and English equivalents after each lesson.

Part two is on characters. The Chinese character is dealt with under five main headings which cover all its aspects, from its history to its characteristics and also the basic rules on writing it. For the beginners there are exercises on basic training to help them to learn the basic strokes, how to write the strokes, and the rules governing the order of strokes, to learn to analyse the structure of the characters and the basic rules of how characters are formed, and to learn to differentiate homophones and characters that are similar in shape. Besides doing the exercises, students should practice writing characters after each lesson by applying the basic rules they have just learnt.

For those interested, the two parts of this book can be used simultaneously, that is, learn to write characters as you learn to recognise and read them.

The appendix at the end of the book is a glossary of words and expressions where individual characters are listed with their respective combinations (proper nouns and idioms are arranged in the alphabetic order of their first characters). It is hoped that this would help the students in their mastering and memorizing the characters.

Contents

iv

PART I

Character Recognition
and
Reading

1

1 List of new characters:

欢	迎	您	好	华	侨	请
huān 歡	yíng	nín	hǎo	huá 華	qiáo 僑	qǐng 請

问	是	先	生	吗	我	不
wèn 問	shì	xiān	shēng	ma 嗎	wǒ	bù

对	起	没	关	系	再	见
duì 對	qǐ	méi	guān 關	xì 係	zài	jiàn 見

旅	游	局	的	叫	谢	小
lǚ	yóu	jú	de	jiào	xiè 謝	xiǎo

姐	王	芳	陈	明	山
jiě	wáng	fāng	chén 陳	míng	shān

4

2 Reading exercises:

1)　　　　是

　　　　　是陈明山

　　　　　是陈明山先生

　　　　我是谢华。

　　　　您是王芳小姐吗？

　　　我不是王芳，我是王欢。

　　陈先生是华侨吗？

　　　　　　好

　　　　　您好！

　　　王先生好！

　　谢小姐好！

2)　您好！　欢迎您！　对不起！　再见！
　　您好！　谢谢！　没关系！　再见！

3)　王欢：请问，您是关山先生吗？
　　关山：对。您是——
　　　王：我是旅游局的，我叫王欢。
　　　关：您好！王欢小姐。
　　　王：欢迎您！关山先生。
　　　关：谢谢！

2

1 List of new characters:

介	绍	进	啊	老	你	坐
jiè	shào 紹	jìn 進	a	lǎo	nǐ	zuò

抽	烟	会	来	一	下	这
chou	yan 煙	huì 會	lái 來	yī	xià	zhè 這

太	伯	女	儿	那	子	们
tài	bó	nǔ	ér 兒	nà	zí	men 們

喝	茶	李	文	汉	艾	琳
he	cha	lı	wen	han 漢	ai	lın

莉	大	伟
lı	dà	wěi 偉

2 Reading exercises:

1) 这、进、迎、　　　　芳、茶、艾、莉、
　 会、介、　　　　　　问、们、
　 汉、没、

2) 　们　　　　　　　　　　请
　 我们　　　　　　　　　请进
　 你们　　　　　　　　　请坐
　 先生们　　　　　　　　请抽烟
　 你们好　　　　　　　　请喝茶
　 　　　　　　　　　　　请介绍一下儿

　 这（那）是
　 这是陈明山先生，　那是陈太太。
　 这是老李，　　　　那是老关。
　 这是我女儿，　　　那是我儿子。
　 这是您太太吗？
　 那是您女儿吗？
　 那是您儿子吗？

3) 关　山：老陈，你好！
　 陈　生：你好！老关。来，我介绍一下儿，这是我爱人谢
　 　　　　文芳。这是关山先生。
　 　　关：您好！陈太太。
　 谢文芳：欢迎您，关先生！请坐，请坐。
　 　　关：谢谢。
　 　　陈：你抽烟吗？
　 　　关：我不会。
　 　　谢：关先生，请喝茶。
　 　　关：谢谢。

生　词

　　爱人　　àirén　　wife

3

1 List of new characters:

找	人	同	志	个	服	务
zhǎo	rén	tóng	zhǐ	gè 個	fú	wù 務

员	谁	他	住	哪	房	间
yuán 員	shuí 誰	tā	zhù	nǎ	fáng	jiān 間

国	三	二	八	在	层	约
guó 國	sān	èr	bā	zài	céng 層	yuē 約

翰	史	密	斯	美
hàn	shǐ	mì	sī	měi

2 Reading exercises:

1） 你、您、 哪、那、 我、找、 生、住、 间、问、

2） 哪儿

这是哪儿？ 他住哪儿？

那是哪儿？ 陈先生住哪儿？

您住哪儿？ 二三八一房间在哪儿？

哪国

哪国人？

您是哪国人？

李太太是哪国人？

王小姐是哪国人？

谁

您找谁？

他找谁？

谁找我？

他是谁？

谁是李文汉先生？

3) 王　文：同志，旅游局在哪儿？

路　人：旅游局在那儿！

王：谢谢！

路：不谢。

王：同志，我找一个人。

服务员：您找谁？

王：我找王芳同志。

服：她在二一二房间。

王：请问二一二在哪儿？

服：在二层。

王：谢谢您！

生　词

那儿	nàr	there
她	tā	she, her
路人	lùrén	passerby

4

List of new characters:

去	哦	使	馆	看	朋	友
qù	ó	shǐ	guǎn 館	kàn	péng	yǒu

呢	买	点	东	西	晚	上
ne	mǎi 買	diǎn 點	dōng 東	xī	wǎn	shàng

有	活	动	杂	技	天	干
yǒu	huó	dòng 動	zà 雜	jì	tiān	gàn 幹

什	么	参	观	也	别	事
shén	me 麼	cān 參	guān 觀	yě	bié	shì

亨	利	长	城	故	宫	她
hēng	lì	cháng 長	chéng	gù	gōng	tā

10

2 Reading exercises:

　　1)　　　　　去　　　　　　　　　　干什么

　　　　　　　去哪儿　　　　　　　你们干什么？

　　　　　　　去大使馆　　　　　晚上您干什么？

　　　　　　　去故宫　　　　　他们明天干什么？

　　　　　　　去长城　　　　明天晚上您干什么？

　　　　　　　去干什么

　　　　　　你去看杂技吗？

　　　　　他们去看朋友吗？

　　　　他明天也去买东西吗？

　　　明天你们去参观故宫吗？

　　　　您去哪儿看杂技？

　　　　亨利去大使馆看朋友吗？

　　陈太太明天去哪儿买东西？

　　明天你们去故宫参观吗？

　　　　　　　什么　　　　　　　　别的

　　　　　　　什么事　　　　　　别的人

　　　　　　有什么事　　　　　别的事

　　　　　您有什么事？　　　别的东西

　　　明天我们有什么活动？　别的活动

　　　明天您去买什么东西？

　　2)　　李文汉：老陈，明天你们有什么活动？

　　　　　陈明山：·我去故宫。

　　　　　　李：你一个人去？

　　　　　　陈：是啊。他们都有别的事。约翰去大使馆，我太太和
　　　　　　　　莉莉、大伟去买东西。

　　　　　　李：亨利呢？

陈：他要去看个朋友。

李：明天晚上有杂技，你们去看吗？

陈：看！我们都去，你呢？

李：去，我太太也去。

生 词

都　　dōu　　all

和　　hé　　and

要　　yào　　to be going to

3　Fill in the blanks with the right characters (numbers):

①欢　②观　③间　④问　⑤哪　⑥那　⑦大　⑧天

1) 你们明 _tiān_ ⑧ _____ 有什么活动？

2) 晚上，_Dà_ _____ 伟去看杂技。

3) 您去参 _guān_ _____ 故宫吗？

4) 他们 _huān_ _____ 迎我们去。

5) 这是服务员同志的房 _jiān_ _____ 。

6) 他 _wèn_ _____ 您明天有活动吗？

7) _Nà_ _____ 个同志叫王芳。

8) _Nǎ_ _____ 个同志是旅游局的？

5

1 List of new characters:

邮	爸	寄	封	信	给	几
yóu 郵	bà	jì	fēng	xìn	gěi 給	jǐ 幾

张	分	票	五	多	少	十
zhāng 張	fēn	piào	wǔ	duō	shǎo	shí

妈	本	吧	中	画	报
mā 媽	běn	ba	zhōng	huà 畫	bào 報

2 Reading exercises:

1) 邮 邮局 邮票

　　抽 抽烟

　　几 几个人？几张票？几本画报？

　　儿 儿子 女儿 哪儿 一点儿 事儿 信封儿

2) 个　　　　　　　　　　　　张

　一个人　　　八个朋友　　　三张邮票

　三个女儿　　一个房间　　　五张报 (news paper)

　五个儿子　　十个信封

封	本
这封信	一本画报
那封信	三本中国画报
三封信	那本美国画报
几	多少
几封信	多少张
几张邮票	多少封
几本画报	多少本
几个房间	多少个

3) 关：哦，老张，你去哪儿？

张：我去邮局，你去吗？

关：不去，我去看朋友。你去寄信？

张：对。我去寄一封信，还给我太太买一本《中国画报》。你有事吗？

关：邮局有画报？

张：是啊，你买吗？

关：谢谢你，给我也买一本吧。请你再给我买十个信封，十张八分邮票。

张：好，还有别的事吗？

关：没有！晚上见。

生　词

还　hái　else　in addition

6

1 List of new characters:

营	业	挂	号	钱	块	元
yíng 营	yè 業	guà 掛	hào 號	qián 錢	kuài 塊	yuán 圓

毛	角	超	重	称	还	要
máo	jiǎo	chāo	zhòng	chēng 稱	hái 還	yào

和	片	共	两
hé	piàn	gòng	liǎng 兩

2 Reading exercises:

1)   还   找

还买什么?   你找什么?

还要什么?   我找东西。

还有什么?   我找一张邮票。

还有别的事吗?   你找谁?

还有别的活动吗?   我找一个朋友。

你还去哪儿?   谁找关山先生?

晚上你们还干什么?   哪个同志找我?

                        找钱

                        找您钱

                        找您两块三。

给

给你

我给你两张邮票。

请您给我五张明信片。

请你给我买三本《中国画报》。

他去邮局给他妈妈寄信。

2)　　大伟去邮局寄一封挂号信。他问营业员同志："我要寄一封挂号信。你看，这封信超重吗？"营业员称一下信说："不超重！"大伟说："寄美国多少钱？"营业员说："一块二毛钱。"大伟还买了八张明信片（一张明信片是五分钱），一块钱的邮票，两本《中国画报》。他给营业员五块钱，营业员找他一毛二。请问，一本《中国画报》是多少钱？

生　词

说　　shuō　　to say

3 Fill in the blanks with the right characters (numbers):

　　①票　②要　③超　④起　⑤挂　⑥封

1) 请你给我十个信 ___fēng_____ 。

2) 寄 ___guà_____ 号信多少钱？

3) 我不买邮 ___piào_____ 。

4) 您还 ___yào_____ 什么？

5) 您的信 ___chāo_____ 重！

6) 对不 ___qǐ_____ ，我再问一下儿。

7

1 List of new characters:

兑	换	外	币	工	作	英
duì	huàn 换	wài	bì 幣	gōng	zuò	yīng

镑	今	牌	价	百	四	民
bàng 鎊	jīn	pái	jià 價	bǎi	sì	mín

千	填	单	六	九	零	七
qiān	tián	dān 單	liù	jiǔ	líng	qī

用
yòng

2 Reading exercises:

1) 价 牌价 价钱   今 今天
    介 介绍   会 我不会抽烟
        介绍长城

2)

兑换　　　　　　　　　　　　　　　一下儿

兑换外币　　　　　　　　　　　请点一下儿钱。

用人民币兑换英镑。　　　　　请填一下儿单子。

用美元兑换人民币。　　　　　请你称一下儿这封信。

你要兑换多少美元？　　　请您给我介绍一下儿长城。

这是兑换单。　　　　　我来给你们介绍一下儿。

请填兑换单。

3) 谢华：陈太太，您好！

艾琳：哦，谢先生，您去哪儿？

谢：我去邮局寄封信，您呢？

艾：我去银行。

谢：兑换人民币吗？

艾：是啊！

谢：您不用去银行。这儿也兑换。

艾：在哪儿？

谢：我带您去！

艾：谢谢！

谢：您兑换美元吗？一百美元兑换一百五十三块三毛八，

　　一百英镑兑换三百二十八块四毛三，一百法朗兑换

　·三十六块零六分。

艾：是吗？您是中国银行的工作人员吧！

谢：不是。我有一张兑换的牌价单，你看！

艾：啊！这是上星期的单子！今天的牌价是多少？

谢：哦！今天的牌价……

生　词

银行	yínháng	bank	法朗	fǎláng	franc
这儿	zhèr	here	上星期	shàng xīngqī	last week
带	dài	to take			

8

1 List of new characters:

时	候	月	弟	日	午	礼
shí 時	hòu	yuè	dì	rì	wǔ	lǐ 禮

物	蛋	糕	写	星	期	咱
wù	dàn	gāo	xiě 寫	xīng	qī	zán

安
ān

2 Reading exercises:

1) 时 时间 时候   午 上午 下午 中午
    对 对吗? 不对。   干 干什么?

2)   的
              弟弟的生日。
              爸爸的信。
              莉莉的钱。
              中国的邮票。
              生日的礼物。
          旅游局的工作人员。
              西安的张伯伯。

什么时候 哪天

咱们什么时候去长城？ 哪天是你的生日？

他们什么时候去西安？ 莉莉的生日是哪天？

我们今天什么时候去大使馆？ 我们哪天去看杂技？

这星期哪天晚上有杂技？

3) 今天九月二十四号，是大伟的生日。昨天下午，我和妈妈去给大伟买了一个生日蛋糕和一件礼物。

爸爸的朋友约翰·史密斯先生来看我们。他说，明天是星期六，晚上他有一个活动，请我们也去参加。他还问爸爸："你们什么时候去西安？"爸爸说："下月六号。""下月六号是星期几？""星期日。""好，我去送你们！"我们说："谢谢！"

生 词

买了	mǎi le	bought
件	jiàn	a measure word
说	shuō	to say
参加	cān jiā	to take part in
送	sòng	to see off

9

1 List of new characters:

现	回	电	影	场	刻	半
xiàn 現	huí	diàn 電	yǐng	chǎng 場	kè	bàn

差	了	该	走	表	停	哎
chà	le	gāi 該	zǒu	biǎo 錶	tíng	āi

呀	糟	珍
yā	zāo	zhēn

2 Reading exercises:

1)　现在八点一刻了，我要走了。

现在九点五分了，我要回去了。

现在差五分两点了，咱们该去看电影了。

现在十一点半了，咱们该去吃饭（chī fàn to have a meal）了。

现在十二点三刻了，你们该去睡觉（shuì jiào to sleep）了。

你买几点的电影票？

我买三点四十的票。

我买五点三刻的票。

你买哪天的火车（huǒchē train）票？

我买明天的票。

我买下星期五的票。

2)　约　翰：同志，有去长城的票吗？

　　　营业员：有！245次，八点二十的。

　　　　　约：现在八点了，我要一张八点二十的。

　　　　　营：今天的票？

　　　　　约：今天的。给您钱。

　　　　　营：找您六毛。这是票。

　　　　　约：请问，回来的车是几点的？

　　　　　营：有两次。十三点十分的244次和十五点五十三分的 246次。

　　　　　约：246次几点到北京？

　　　　　营：十七点一刻。

　　　　　约：哎呀！今天晚上我还有事！同志,我换一张票,可以吗？

　　　　　营：换明天的？

　　　　　约：对。换明天八点二十的。

　　　　　营：给您票。

　　　　　约：对不起！

　　　　　营：没什么！

生　词

次	cì	a measure word
到	dào	to arrive
可以	kěyǐ	can

3 Fill in the blanks with the right characters (numbers):

　①回　②国　③现　④观　⑤刻　⑥该

1) 啊！现在是差一___kè___两点了。糟糕，我的表停了！

2) 这本画报不好，你不___gāi___买！

3) 陈太太___huí___来了。

4) 《李时珍》是一个中___guó___电影。

5) ___Xiàn___在还有哪几场的电影票？

6) 现在晚了，我不去故宫参___guān___了。

10

1 List of new characters:

打	话	喂	说	慢	等	后
dǎ	huà 話	wèi	shuō 说	màn	děng	hòu 後

京	剧	演	全	家	都	送
jīng	jù 劇	yǎn	quán	jiā	dōu	sòng

麻	烦	北	饭	店	闹
má	fán 烦	běi	fàn 飯	diàn	nào 鬧

2 Reading exercises:

1)　话　说话　电话　　　　　剧　京剧　话剧　剧场

　　活　活动　生活 (life)　　　别　别的

2)　　　　　在哪儿

　　　　　在哪儿演京剧？

　　　　　在哪儿看电影？

　　　　　在哪儿买生日蛋糕？

　　　　　在哪儿兑换外币？

　　　　　在哪儿等王同志？

　　　他在哪儿住？

　　　您在哪儿工作？

是不是

那儿是不是人民剧场？

他是不是亨利先生？

您的票是不是五点的？

他们是不是住北京饭店？

这是不是后天的京剧票？

他是不是请我们全家都去？

那是不是给他们买的票？

今天他们是不是不来了？

3)　　今天关太太给王芳同志打了个电话。关太太说她全家人都想看一场京剧。她问哪儿演京剧。王芳说："明天晚上有《大闹天宫》，你们看不看？"关太太问："在哪儿演？是几点的？"王芳说："在人民剧场，七点一刻演。"关太太说："王小姐，麻烦您，给我们买四张票。"王芳说："好，明天下午五点我给你们送票去。"

生　词

想　　xiǎng　　to want

11

1 List of new characters:

钢	笔	早	晨	桌	捡	到
gāng 鋼	bǐ 筆	zǎo	chén	zhuō	jiǎn 撿	dào

支	位	新	旧	吃	昨	咖
zhī 枝	wèi	xīn	jiù 舊	chī	zuó	kā

啡	卖	部	马	售	货	种
fēi	mài 賣	bù	mǎ 馬	shòu	huò 貨	zkǒng 種

筒	样	行	刘	雄	比	利
tǒng	yàng 樣	xíng	liú 劉	xióng	bǐ	lì

威	尔	逊
wēi	ěr 爾	xùn 遜

2 Reading exercises:

1)　　中国　马上　　同志　　买邮票　工作
　　　两种　　妈妈　两筒咖啡　卖钢笔　　昨天

2)　　　　　　　位

　　　　　这位先生在这儿吃饭吗？

　　　　　那位小姐也在这儿吃早饭。

　　　　这两位太太都是英国人。

　　　　　哪位同志捡到一支钢笔？

　　这支钢笔是哪一位的？

　　　　　　　种

　　　　　这种本子

　　　　　那种工作

　　　　几种钢笔

　　　那儿卖几种钢笔？

　　　小卖部有这种咖啡吗？

　　　　哪一种咖啡是中国的？

　　　　这种钢笔是"英雄"的吗？

　　　　不是……吗？

　　　那不是张先生吗？

　　　那不是张先生的钢笔吗？

　　这支钢笔不是您的吗？

　那支英雄钢笔不是威尔逊的吗？

　　　他不是住北京饭店吗？

　　　你们不是下星期走吗？

　　小卖部不是来咖啡了吗？

　　你今天不是要去看京剧吗？

3)　汉　　斯：小刘，我的表丢了，去哪儿找呢？

　　小　　刘：一层1015是失物招领处，你去问问？

　　　　　汉：好，我马上去看看。

汉：同志，你们捡到表了吗？我的表丢了。

工作人员：您的表是什么牌子的？

汉：罗马，还是新的呢！

工：这儿有三块罗马的，您看，哪一块是您的？

汉：啊，这块是我的。谢谢您，谢谢您！

工：不用谢我。一位售货员同志捡到了这块表。

汉：哦，对了。昨天下午我去这个饭店的小卖部买咖啡了。

生　词

丢	diū	to lose
失物招领处	shī wù zhāolǐng chù	lost property office
牌子	páizi	brand
罗马	Luómǎ	Romer (a Swiss watch brand name)

12

1 List of new characters:

件	衣	穿	边	怎	颜	色
jiàn	yī	chuān	biān 邊	zěn	yán 颜	sè

错	试	合	适	劳	驾	短
cuò 錯	shì 試	hé	shì 適	láo 勞	jià 駕	duǎn

嗯	很	较	贵
ǹg	hěn	jiào 較	guì 貴

2 Reading exercises:

1)

一点儿	比较
长一点儿	这件比较长
短一点儿	那种比较好
大一点儿	这件颜色比较深
小一点儿	那支钢笔比较贵
肥一点儿	那件大衣比较合适
瘦一点儿	这种咖啡比较便宜
颜色深一点儿	这个本子比较小
颜色浅一点儿	那张桌子比较大

28

2) 莉　　莉：同志，我买一件大衣。

售货员：你要什么样的？

　　莉：我要中式的。

　　售：你看，这边有几种，这是样子，你要哪种？

　　莉：这种怎么样？

　　售：你看看！

　　莉：样子不错，颜色不太好，深一点儿了。请换一件浅一点儿的。

　　售：这件行吗？

　　莉：颜色还好。我试试。哦，太肥了，再换一件瘦一点儿的。

　　售：这件瘦一点儿，你再试试。

　　莉：很好。比较合适，不肥也不瘦，不长也不短。多少钱一件？

　　售：二十一块四。

　　莉：不便宜啊！

　　售：这料子好！

　　莉：好，我买这件吧！

生　词

深	shēn	dark
浅	qiǎn	light
肥	féi	loose
瘦	shòu	tight
便宜	piányi	inexpensive
上衣	shàngyī	jacket
中式	zhōng shì	Chinese style
料子	liàozi	material

3 Fill in the blanks with the right characters (numbers):

①适　②试　③时　④十　⑤事　⑥使　⑦是

　　史密斯先生上午＿＿＿点半有＿＿＿要去大＿＿＿馆。您在他吃饭的＿＿＿候去找他，不太合＿＿＿吧。您＿＿＿他的老朋友吗？好，您打一个电话给他＿＿＿。

13

1 List of new characters:

可	以	能	帮	辆	出	租
kě	yǐ	néng	bāng 幫	liàng 輛	chū	zū

汽	车	司	机	听	懂	题
qì	chē 車	sī	jī 機	tīng 聽	dǒng	tí 題

际
jì 際

2 Reading exercises:

1) 可　可以
   司　司机
   同　同志、同事

2) 　　　　　以后
   　　他五分钟以后来
   我半个小时以后要一辆车。
   我们一个半小时以后要去国际机场。
   　　五点以后我和莉莉要去大使馆。

能

能进来吗？

能抽烟吗？

我能说中国话了。

他能听懂中国话吗？

3) 大　伟：爸爸，外边没有出租汽车了。

陈明山：糟糕，我不能等。你帮我打个电话，叫一辆吧。

　　大：行！

　　　　喂，出租汽车站吗？现在有车吗？

营业员：有。你去哪儿？

　　大：去国际机场。

　　营：你在哪儿？

　　大：北京饭店。汽车能马上来吗？

　　营：没问题。五分钟以后，可以到。请你等一下。

　　大：好。爸爸，走吧，汽车马上要来了。

生　词

外边	wài biān	outside
站	zhàn	station

14

1 List of new characters:

里	菜	鱼	糖	醋	红	烧
lǐ 裏	cài	yú 魚	táng	cù	hóng 红	shāo 燒

想	肉	炸	虾	辣	鸡	豆
xiǎng	ròu	zhá	xiā 蝦	là	jī 鷄	dòu

腐	汤	馒	头	米	碗	酒
fu	tāng 湯	mán 饅	tóu 頭	mǐ	wǎn	jiǔ

瓶	啤	就	些
píng	pí	jiù	xiē

2 Reading exercises:

1)

还是

你去还是他去？

你今天去还是明天去？

你去长城还是去故宫？

他去看杂技还是去看电影？

你要兑换美元还是英镑？

您要辣的还是要不辣的？

那是鸡蛋汤还是豆腐汤？

就

菜马上就来。

他马上就去。

汽车马上就到。

请你等一等，王同志就来。

请你坐一坐，史密斯先生就来。

2) 陈明山：今天的菜怎么样？大伟，你喜欢哪个菜，糖醋鱼还是辣子鸡？

大　伟：我喜欢糖醋鱼，这个菜很好吃。辣子鸡太辣了，我不喜欢。

莉　莉：不太辣，我喜欢！炸大虾，我也喜欢。妈妈，你呢？

艾　琳：这些菜都好吃！豆腐是中国的家常菜，很好吃，也不太贵，我比较喜欢。

大：你们喜欢中餐还是西餐？

莉：中国菜很好吃，我喜欢中餐。爸爸，你呢？

陈：中餐、西餐，我都喜欢。

生　词

喜欢	xǐhuān	to like
好吃	hǎochī	delicious
家常菜	jiācháng cài	common dish(es)
中餐	zhōngcān	Chinese food
西餐	xīcān	Western food

34

3 Fill in the blanks with the right characters (numbers):

①错　②醋　③馒　④慢　⑤牌　⑥啤

1) 他不喜欢吃____mán_____头，喜欢吃米饭。

2) 他喝了一瓶____pí_____酒。

3) 请你说____màn_____一点儿。

4) 我要一个糖____cù_____鱼。

5) 我说____cuò_____了吗？

6) 你的汽车是什么____pái_____子的？

15

1 List of new characters:

病	医	舒	疼	发	量	体
bìng	yī 醫	shū	téng	fā 發	liáng	tǐ 體

温	度	开	嘴	咳	嗽	深
wēn	dù	kāi 開	zuǐ	ké	sòu	shēn

呼	吸	夫	感	冒	针	药
hū	xī	fū	gǎn	mào	zhēn 針	yào 藥

名	字	方	取	注	射	室
míng	zì	fāng	qǔ	zhù	shè	shì

按	水	意	休	息
àn	shuǐ	yì	xiū	xī

2 Reading exercises:

1) 体　体温　身体（shēntǐ　body）　　注　注射　注意
　　休　休息　　　　　　　　　　　　　住　您住哪儿？

　　天　昨天　今天　明天　三天　　　咳　咳嗽
　　夫　大夫　丈夫（zhàngfu　husband）　该　他该吃药了。

2) 　　　　　　　　　　　　再
　　　　这种咖啡很好，我想再买一筒。
　　　　　　　　你该再写一封信问问他。
　　那个剧，我朋友也想看，请你再给我买一张票。
　　　　这件大衣不合适，你再试试那件吧。
　　　　你今天打一针，明天再打一针，一共打两针。
　　　　他马上就来，请您再等一等。
　　　　　　先……………………再
　　　　他们先到北京，　　再去西安。
　　　　您先到药房取药，再去注射室打针。
　　　现在你先打一针、回去再吃药。
　　　　　　有点儿
　　　　这件大衣有点儿短，换一件可以吗？
　　这件大衣的样子有点儿旧，我不要。
　　　　那个菜有点儿辣，你能吃吗？
　　　　今天我有点儿不舒服，不能去长城了。
　　　　关先生有点儿咳嗽，要去看看病。
　　　对不起，我有点儿感冒，先回去休息了。

3) 医生：请坐，你叫什么名字？
　汉斯：我叫汉斯。
　　医：你哪儿不舒服？
　　汉：我牙疼，头也疼。

医：发烧吗？

汉：不烧，我量体温了。

医：多少度？

汉：三十六度八。

医：张开嘴，我看看。哪个牙疼？

汉：这个，太疼了！

医：你这个牙坏了，发炎了。现在我先给你针灸一下儿，再给你开张药方。回去你按时吃药。牙不疼了。再来看看。

汉：好，针灸疼不疼？

医：不太疼。

汉：我听说中国大夫针灸很好，今天我来试试！

生　词

牙	yá	tooth
坏	huài	bad; decayed
发炎	fā yán	inflamed
针灸	zhēn jiǔ	acupuncture
听说	tīng shuō	to hear, to be told

38

16

1 List of new characters:

气	阳	晴	预	阴	转	嘛
qì 氣	yáng 陽	qíng	yù 預	yīn 陰	zhuǎn 轉	ma

秋	真	冷	热	年	最	季
qiū	zhēn	lěng	rè 熱	nián	zuì	jì

节	夏	常	雨	母	冬	雪
jié 節	xià	cháng	yǔ	mǔ	dōng	xuě

春	暖	但	刮	风	定	树
chūn	nuǎn	dàn	guā 颳	fēng 風	dìng	shù 樹

叶	每	览	香	丁	淑	琴
yè 葉	měi	lǎn 覽	xiāng	dīng	shū	qín

2 Reading exercises:

1) 母　伯母

每　每个、每人、每本、每张、每件、每间

每年、每月、每星期、每天

2)　　　　　　　　　有时候

这冬天很冷，有时候气温零下十几度。

那儿夏天很热，有时候热到四十几度。

春天天气很暖和，但是有时候刮风。

游览香山的人有时候很多，有时候很少。

一定

现在秋天了，香山的树叶一定红了。

秋天去香山的人一定很多。

你一定要每天按时打针，按时吃药。

今天晚上你一定要听听天气预报。

明年你们一定来吗？

3)　　北京一年有四个季节：春天、夏天、秋天、冬天。

三月到五月是春天，六月到八月是夏天，九月到十一月
是秋天，十二月到二月是冬天。

北京的春天，天气很暖和，但是常常刮风。夏天的天气
比较热，七、八月还常常阴天下雨。北京的城里，城外都有
很多游泳的地方。每年夏天，游泳的人都很多。冬天北京比
较冷，最冷气温到零下十几度，但是不常下雪。北京冬天也
可以滑冰。

北京的秋天，是一年里最好的季节。晴天的时候多，阴
天的时候少。天气不冷也不热，很舒服。秋天真是游览的好
季节。每到秋天，香山的树叶都红了，去香山游览的人最多。
特别是到北京来的国内外客人，差不多都要去香山看看。

生　词

城	chéng	city
游泳	yóuyǒng	to swim
地方	dìfāng	place
滑冰	huábīng	to skate
特别	tèbié	especially
内	nèi	internal
客人	kèrén	visitor
差不多	chà bù duō	almost

3 Fill in the blanks with the right characters (numbers):

①阴　②阳　③话　④刮　⑤晴　⑥请

1) 那儿冬天不太冷，也不常下雪，但是常常 _____guā_____ 风。

2) 请你打一个电_____huà_____去问一问机场，他们几点到北京？

3) 天_____qíng_____了，太_____yáng_____出来了，天气很好。

4) _____qǐng_____你帮我买一张去西安的机票。

5) 天气预报说明天晴转_____yīn_____，会不会下雨？

17

1 List of new characters:

龄	身	纪	象	岁	普	通
líng 齡	shēn	jì 紀	xiàng 像	suì 歲	pǔ	tōng

怪	得	孙	爷	奶	级	学
guài	de	sūn 孫	yé 爺	nǎi	jí 級	xué 學

公	园	孩	带	玩
gōng	yuán 園	hái	dài 帶	wán

2 Reading exercises:

1)　纪　您多大年纪了？　　　他的爷爷年纪不太大。

　　级　你上几年级了？　　　他的孙子上二年级了。

　　公　北京的公园比较多。

　　工　他在一个公园里工作。

2)　　　　　　　　前

　　　　　　三天前

　　　　　一星期前

　　　　　一个月前

　　　　　　两年前

　　　　三十五年前

了

这孩子多大了？

他十九岁了吧？

我不行了，年纪太大了。

这件大衣的样子老了吧！

这件大衣短了，我想再买件新的。

带

你带孩子来了吗？

今天他带孩子去看京剧了。

每天爷爷都要带他孙子去公园玩玩。

我朋友给我带来一件礼物。

象

这孩子很象他爸爸。

他说话很象他妈妈。

你的样子很象一个医生。

那位先生不象七十岁的人。

3) 威尔逊：关先生，中国人问年龄是不是说："您多大年纪
了？"

关　山：是啊！

威：但是，今天我问一个人，他听了以后就笑了，这
是为什么？

关：这个人是一位老年人还是一个青年人？

威：青年人。

关：哦！中国年纪比较大的人和青年人，小孩子说话
的时候，一般不说"您"，说"你"就可以了。

威：怪不得！

关：还有，在问年龄的时候，还要注意，问年纪比较
大的人，要说："您多大年纪了？"但是，问中
年人和青年人都说："你多大了？"问小孩儿还

可以说："你几岁了？"
威：啊！有意思！

生　词

笑	xiào	to laugh
为什么	wèi shén me	why
老年人	lǎonián rén	old person (people)
青年人	qīngnián rén	young person (people)
中年人	zhōngnián rén	middle-aged person (people)
有意思	yǒu yìsi	interesting

18

1 List of new charasters:

景	正	累	次	够	或	者
jǐng	zhèng	lèi	cì	gòu	huò	zhě

燕	从	直	念	书	过	地
yān	cóng 從	zhí	niàn	shū 書	guò 過	dì

重	思	海	坛	颐
chóng	sī	hǎi	tán 壇	yí 颐

2 Reading exercises:

1)

又

真糟糕，昨天他不在，今天他又不在。

对不起，上次麻烦你了，今天又来麻烦你。

我给你买了一张杂技票，你怎么又买一张？

上星期他们看这个京剧了，今天他们又去看了。

还

你还买什么？

他们还想去哪儿？

明天我还想去看一场中国电影。

我还没有找到王小姐呢。

我还没有去长城呢。

一直

他从小一直在北京。

我从十二岁到十七岁一直在那个中学念书。

我们来北京以后，一直住在北京饭店。

这两天他一直在发烧,没有吃东西。

2)   我在美国的时候，就听说北京有很多公园，风景很美。我想，如果到中国去，一定要去北京好好玩儿玩儿。但是，这次到北京以后，活动一直很多，没有时间去玩。

    昨天，陈明山先生全家要去颐和园，我正有时间，就和他们一起去了。那儿的风景真是太美了。陈先生说我们来的正是时候。北京的秋天，风景也是最美的。下午我们又一起去天坛和北海公园看了看。这次，我们都是第一次来北京，但是，陈先生是旧地重游。他的老家就是北京。中学的时候，他一直在北京念书，所以，他很熟悉北京。在玩的时候，他给我们介绍了这些公园的历史，很有意思。

    这一天，我们都很高兴，但是都觉得没玩儿够。

生 词

如果	rúguǒ	if
一起	yìqǐ	together
所以	suǒyǐ	therefore
熟悉	shúxī	to know well
历史	lìshǐ	history
高兴	gāoxìng	happy
觉得	juéde	to feel

3 Fill in the blanks with the right characters (numbers):

    ①直　②真　③海　④每　⑤都　⑥者

1) 他爷爷____měi_____天早晨都要去北____hǎi_____公园走走。

2) 我来这儿以后，一___zhí_____下雨，___zhēn_____没有意思。

3) 你今天来或___zhě_____明天来，___dōu_____可以。

19

1 List of new characters:

离	谈	完	曹	操	哈	收
lí 離	tán 談	wán	cáo	cāo	hā	shōu

音	跟	已	经	快	刚	才
yīn	gēn	yǐ	jīng 經	kuài	gāng 剛	cái

志	谊	商
zhì 誌	yì 誼	shāng

2 Reading exercises:

1) 刚　刚才　刚才谁来了？　我刚才找你，你不在。

钢　钢笔　这支钢笔是你的吗？

快　已经快十点了，咱们该走了。

块　三块蛋糕不够吧。　这本杂志一块一毛八。

2)　　　　　　　……的时候

昨天，我去找他的时候，他正在跟两个朋友谈话呢。

我们到北京的时候，北京正下雪呢。

他正在吃饭的时候，关先生来找他。

我正要给他打电话的时候，他来了。

我在中国念书的时候，我弟弟正在英国念书呢。

就要……了

我们就要离开北京了。

他们就要谈完了。

我太太的生日就要到了。

友谊商店就要到了。

多

外边刮风，你要多穿点儿衣服。

这儿的新杂志很多我要多买两本。

明天你们就要走了，你再多坐一会儿，我们再多谈谈。

3）　大　伟：莉莉，你在跟谁说话呢？

莉　莉：没人啊，只有我一个人！

大：刚才我进来的时候，听见你正在跟别人说话嘛！

莉：啊，那是我在学说普通话呢，我一边听收音机，一边学他们说话。

大：怪不得你中国话不错。

莉：你又来开玩笑了，爸爸在干什么呢？

大：你猜！

莉：他在看今天的报纸呢。

大：不对！

莉：看书呢。

大：哈，哈，还是不对。

莉：那在干什么呢？我去看看。

大：别去别去，他在睡觉呢。

莉：啊，爸爸太累了。

陈明山：谁说我在睡觉呢？我在想事情呢。

生　词

说话	shuō huà	to talk
只	zhǐ	only

学	xué	to learn
一边···一边···	yìbiān···yìbiān···	···while···
开玩笑	kāi wánxiào	to joke
报纸	bàozhǐ	newspapers
猜	cāi	to guess

20

1 List of new characters:

辞	向	内	情	赶	贸	易
cí 辭	xiàng	nèi	qíng	gǎn 趕	mào 貿	yì

判	结	束	签	订	双	满
pàn	jié 結	shù	qiān 簽	dìng 訂	shuāng 雙	mǎn 滿

准	备	飞	急	哟	实	古
zhǔn 準	bèi 備	fēi 飛	jí	yō 喲	shí 實	gǔ

获	望	许	变	亲	戚	祝
huò 獲	wàng	xǔ 許	biàn 變	qīn 親	qī	zhù

路	平	唐	代	绘	展	琉
lù	píng	táng	dài	huì 繪	zhǎn	liú

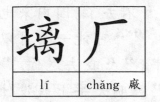

lí | chǎng 廠

2 Reading exercises:

1)
实在

我老家的变化实在不少。

这次参观我的收获实在不少。

这件事情实在太急了。

我实在不能再吃了。

见

明天见

大后天见

西安见

两个月以后回国见

……了……

他签完了这个合同就回国了。

昨天我吃了早饭就去看亲戚了。

今天你看了唐代绘画展览就回来，行吗？

不行，我看了展览以后，还要去琉璃厂买点儿古玩。

2) 汉斯先生买了一张足球比赛票。球赛是今天晚上七点的。他五点半吃完了晚饭，就准备去看球赛。

但是，他换了衣服正要出去，一位中国同志打来了一个电话，跟他谈了很长时间。他刚打完了电话，威尔逊先生来了。他说："你要上哪儿啊？""我正要去看足球赛呢。你有事吗？""我明天早晨就要回国了，今天来向你辞行。""你们贸易谈判这么快就结束了？""啊。""合同也签了？""签订了，双方都很满意。这次我来中国，收获实在不少。"

"太好了，你不再去别的地方走走了？""不去了。国内来电报，要我赶快回去。你什么时候回去呢？""可能一个月以后吧。你明天几点去飞机场？""八点半。""我去送你。""不用了。你回国以后，我们再见吧。""明天早上我没什么事，我一定去送你。""谢谢！你赶快去看球赛吧，要晚了！"

威尔逊先生刚走，电话又响了。是安莉小姐打来的。她说："我有一件很重要的事，请你马上来一下！"汉斯说："很急吗？好，我就去！"他看看表，哎哟，已经七点十分了。

生　词

足球	zúqiú	football
比赛	bǐsài	match
刚	gāng	just
响	xiǎng	to ring
帮助	bāngzhù	to help

3 Fill in the blanks with the right characters (numbers):

　　①贸　②贵　③捡　④签　⑤准　⑥谁

1) 他正在______{zhǔn}备下午的______{mào}易谈判呢。

2) 这种收音机不太______{guì}。

3) 请您在这儿______{qiān}一个名字。

4) 这支钢笔是小王______{jiǎn}到的。

5) 晚上你要去看望______{shuí}？

21

1 List of new characters:

相	遇	妹	空	逛	哥	侄
xiāng	yù	mèi	kōng	guàng	gē	zhí

算	火	办	特	历	面	为
suàn	huǒ	bàn 辦	tè	lì 歷	miàn	wèi 爲

研	究	词	典
yán 研	jiū	cí 詞	diǎn

2 Reading exercises:

1)   刚

我们刚看完这个电影。

他刚从他哥哥那儿来。

他们刚到北京，还没见到张先生呢?

我刚打算去找你，你就来了。

为

他买了一本《汉英词典》，一本《汉字字典》，他正在为学
中文作准备呢。

陈先生为今后研究中国古代历史，买了许多这方面的书。

明天我不能去看你了，我要为回国作些准备工作。

张太太为她孙子过生日买了一个大蛋糕。

您为我们辛苦（xīnkǔ hard job）了，谢谢您。

有空儿

王先生，您现在有空儿吗？我有一件事想跟您谈谈。

您什么时候有空儿，请打个电话给我。

这儿还有空儿，你坐这儿来吧。

2) 陈明山：汉斯，几天没见你了，怎么样，都好吗？

汉　斯：还好。你这是从哪来的啊？

陈：上午去琉璃厂逛了一下。

汉：你刚从琉璃厂回来啊，太好了，我正要打听琉璃厂在哪儿呢！

陈：怎么，你也要去那儿看看？

汉：是啊。我有一个朋友，他在中国绘画方面很有研究。上星期他来信，要我在北京的时候，给他买两张好的字画。昨天晚上一个中国同志告诉我，琉璃厂有专门卖中国字画的商店。我正打算去那儿看看呢！到琉璃厂怎么走？

陈：坐十四路公共汽车就可以到了。你到荣宝斋去买，那个商店就是专门卖中国字画的。你看看，我买的这几张怎么样？这一张是给艾琳妹妹买的，这几张是给我的几位朋友的。

汉：哦，真好！这些都是在荣宝斋买的吗？

陈：都是。不过，跟荣宝斋在一起的，还有几家商店也卖字画，你可以多看几家。

汉：好，下午我就去。

生　词

打听	dǎting	to find out
字画	zìhuà	calligraphy and painting

告诉	gàosu	to tell
专门	zhuān mén	specially
公共汽车	gōng gòng qì chē	bus
荣宝斋	Róng bǎo zhāi	name of the best-known shop selling block-printed traditional Chinese paintings in Beijing

3 Riddle (about characters):

两个可，是个人；

两个人，不是人。

22

1 List of new characters:

梯	往	包	裹	留	码	极
tī	wǎng	bāo	guǒ	liú	mǎ 碼	jí 極

闻	如	创	造	爬	非	助
wén 聞	rú	chuàng 創	zào	pá	fēi	zhù

客	应	做	途	愉
kè	yīng 應	zuò	tú	yú

2 Reading exercises:

1)
往

现在电梯正往上去呢!

这封信是往哪儿寄的?

你见他往哪边儿走了?

这车是往西安去的?

不如

今天的天气不如昨天好。

我的中国话不如他好。

我们坐在这儿等他,不如去找他。

你买两本旧字典,不如买一本新的。

你听一百次,不如去看一次。

你看一百次,不如自己(zìjǐ oneself)去做一次。

2)　　　昨天我跟大伟一起去长城了。

　　早晨，我们吃了早饭就去坐火车。我们坐的是七点十分的车。差五分九点的时候，我们就到了长城。

　　这一天，天气好极了。来长城游览的人真不少，有外国人也有中国人。我们爬长城的时候，上边儿已经有很多人了，还有不少人正往上爬呢。我说："大伟，走，咱们快上去，上边儿一定很美。"大伟说："对，咱们爬到上边儿去好好玩玩！"一会儿，我和大伟都爬上去了。一上去，大伟就说："啊，长城，实在是雄伟极了！咱们应该好好照几张相。"我们在长城上照了很多照片。

　　游览长城的时候，几个中国人给我们介绍了一下长城。他们说长城已经有两千多年的历史了。长城很长，从东边的山海关到西边的嘉峪关。重要的地方，还有两、三层城墙，全长有一万二千公里，所以叫做"万里长城"。古代中国人民有这样伟大的创造，实在是了不起！今天我才懂"不到长城非好汉"的意思了，真是百闻不如一见！

生　词

照相	zhào xiàng	to take pictures
东边	dōng biān	to the east
西边	xī biān	to the west
城墙	chéng qiáng	city wall
万	wàn	ten thousand
才	cái	only
意思	yìsi	meaning
山海关	Shānhǎi Guān	best-known pass along the Great Wall
嘉峪关	Jiāyù Guān	one of the major passes along the Great Wall

58

3 Choose the correct pronunciation from the two choices for each character with a dot under it:

1) 这本画报 { bào / jí   真是贵极 { bào / jí   了。

2) 您往 { zhù / wǎng   哪儿去？

3) 他住 { zhù / wǎng   几号房间 { wén / jiān

4) 这真是一个新闻 { wén / jiān

4 Translate the following words:

爬山 _____ 、客人 _____ 、停留 _____ 。

23

1 List of new characters:

宴	筷	熟	练	刀	叉	烤
yàn	kuài	shú	liàn 練	dāo	chā	kǎo

鸭	味	道	确	虚	传	知
yā 鴨	wèi	dào	què 確	xū	chuán 傳	zhī

喜	尝	德	之	净	值	高
xǐ	cháng 嘗	dé	zhī	jìng	zhí	gāo

兴	健	康	干	杯	逢	己
xìng 興	jiàn	kāng	gān 乾	bēi	féng	jǐ

访	敬	聚
fǎng 訪	jìng	jù

2 Reading exercises:

1）
用

你用筷子吃还是用刀子，叉子吃？

这个菜是用哪儿的鸭子做的？

张愉已经能用英文（yīng wén　English）写信了。

他们用英文谈话，我听不懂。

得

时间不早了，我得走了。

他不懂中文（zhōng wén　Chinese）你

得用英文跟他说话。

今天天气太冷了，你得多穿一点儿。

关先生要回国，今天他得准备准备。

一边……　一边……

他们一边参观，一边访问。

大家一边吃饭，一边互相（hù xiāng　each other）敬酒。

他经常是一边看书，一边听录音机。

2）　　有名的北京烤鸭是用北京鸭做的。这样好的鸭子又是从哪儿来的呢？

北京鸭的故乡在颐和园的西边儿。那里养鸭已经有很长的历史了。那个地方有些小河，河里有许多鱼虾。住在河边儿的人们都养鸭子。时间长了，他们研究出养鸭的好办法。六十天，小鸭子很快就养到五、六斤，可以吃了。这就是有名的北京鸭。

北京最有名的烤鸭店是"全聚德"。"全聚德"已经有一百多年历史了。一八三七年，北京有个姓杨的人，在前门外卖鸡鸭。后来，他在那儿买了两间房子，开始卖烤鸭。这就是最早的"全聚德"。

这个姓杨的人烤鸭技术很熟练，他烤的鸭子味道特别好。慢慢儿的，"全聚德"烤鸭店，就成了全北京和全中国最有名的烤鸭店了。

　　现在，许多外国朋友也很喜欢北京烤鸭，他们来到北京，都要到"全聚德"尝尝真正的北京烤鸭的味道。

生　词

有名	yǒumíng	famous
故乡	gùxiāng	birthplace
西边儿	xībiānr	west
养	yǎng	to raise
小河	xiǎo hé	riverler
办法	bànfǎ	method
斤	jīn	a Chinese measure of weight (equal to half a kilo)
杨	yáng	a common Chinese family name
姓	xìng	family name
前门	qiánmén	(southern city gate of old Beijing)
技术	jìshù	skill
后来	hòulái	later on
成	chéng	to become

3 Choose the correct pronounciation from the two choices for each character with a dot under it:

1) 张先生、来，为您的健康干{ gān / gàn 杯！

2) 你现在去干{ gān / gàn 什么？

3) 这件事很重{ zhòng / chóng 要，请关先生帮助办一下。

4) 这次他来北京、是旧地重{ chóng / zhòng 游了。

5) 请你给我也买两张明天的火车票，行{ háng / xíng } 吗？

6) 请问，中国人民银行{ háng / xíng } 在哪儿？

24

1 List of new characters:

站	添	款	待	表	示	难
zhàn	tiān	kuǎn	dài	biǎo	shì	nán 難

亦	呆	只	争	希	需	忙
yì	dāi	zhǐ 祇	zhēng	xī	xū	máng

接	前	放	心	又	钟	楼
jiē	qián	fàng	xīn	yòu	zhōng 鐘	lóu 樓

附	近	远	址	护	照	手
fù	jìn	yuǎn 遠	zhǐ	hù 護	zhào	shǒu

提	顺
tí	shùn 順

64

2 Reading exercises:

1)

対

您对我太热情了。

感谢你们对我的热情款待。

别找他了，他对旅游没有兴趣。（xìngqù interest）

陈明山先生对中国古代史很有研究。

离

你们旅馆离飞机场远吗？

你工作的地方离你们家远吗？

今天离五月一日还有几天？

现在离火车开行，还有几个小时？

只要……都……

只要……就……

只要路过那商店，她都要进去看看。

他最喜欢研究历史，只要是历史方面的书，他都要买。

这些东西，只要你需要，你就可以买。

只要你很健康，我们就放心了。

2) 李先生：时间不早了，我得走了。

张先生：忙什么，老朋友多年不见，再呆一会儿嘛。

李：不啦！我还有别的事，以后再来吧。

张：看你，还是那个老脾气，说走就走。

李：真对不起，今天实在是有事。

张：好吧，欢迎你以后常来。

李：一定！今天给你们添了不少麻烦，感谢你们的热情款待。

张：你这样说就太客气了，你不去看看老王吗？他就住在附近，离我们这儿不远。

李：不了。今天时间不够了，你见到老王夫妇，请代我问好。

张：放心吧，一定！

李：不用送了，请回吧！

张：慢走！希望不久能再见到你。

李：好，再见！

（老李走远了。）

张：老李！老李！手提包！你的手提包！

李：看我这记性，哈哈，这也算是"相见时难别也难"啊！

生　词

忙	máng	busy
脾气	píqì	temper
夫妇	fūfù	husband and wife
希望	xīwàng	to hope
久	jiǔ	long (time)
记性	jìxing	memory
算	suàn	to call, to count as

3 Fill in the blanks with the right characters (numbers):

①提　②题　③李　④季　⑤待　⑥特

1) 我实在感谢您的热情款＿＿＿＿＿＿。

2) 您明天坐＿＿＿＿＿＿快车去兀安吗？

3) 我的东西太多了，需要再买一个手＿＿＿＿＿＿包。

4) 我已经给王先生打电报了，你们到了长春,他就会去接你们，这是没有问＿＿＿＿＿＿的。

5) 我的行＿＿＿＿＿＿超重吗？

6) 那儿的树一年四＿＿＿＿＿＿都是绿 (lǜ green) 的。

25

1 List of new characters:

让	叔	阿	姨	因	管	父
ràng 讓	shū	ā	yí	yīn	guǎn	fù

复	糊	涂	底	讲	简	况
fù 複	hú	tú 塗	dǐ	jiǎng 講	jiǎn 簡	kuàng

清	楚	认	识	互	姓	某
qīng	chǔ	rèn 認	shí 識	hù	xìng	mǒu

悉	切	口	主	探
xī	qiè	kǒu	zhǔ	tàn

2 Reading exercises:

1) 情　热情、感情、友情、事情、情况
    清　清楚
    间　房间、……之间
    简　简单
    相　相互、相遇、互相、相见
    想　想一个问题、他想干什么? 你在想谁呢?

2)　　　　　　　让

　　这是他让我买的，不是我要买的。

　　这本书能让我看吗？

　　　　为什么他这么早就回国了，是不是因为国内打电报
　　　　让他马上回去？

她太累了，让她好好休息休息吧。

　　　　　比

　　张小姐比她哥哥小两岁。

这个手提包比那件行李重四公斤 (gōng jīn kilogram)。

　　这个问题比那个问题复杂一些。

　　他们比我们早走好几天。

　　　　　管

　　我管他干什么？

以后你们管我叫老张就可以了。

中国人管这个东西叫什么？

　　　　　到底

你一会儿说去，一会儿说不去，你到底去不去？

你又想买这件大衣,又想买那件大衣,你到底要买哪一件？

　　二十几年我们没能见面，今天我们到底相见了。

　　　　　我等了你半天，到底等到你了。

3)　小　罗：保罗，来，我给你介绍一下，这是我母亲。

　保　罗：伯母，你大喜了。

　　　母：谢谢你，请里边坐吧。

　　　罗：保罗，这是我哥哥、嫂子。

　　　保：嫂子是新娘的意思吗？

　　　罗：不是，哥哥的爱人我应该叫嫂子。今天她是新娘，
　　　　　我哥哥是新郎。

　　　保：啊，是这样！新娘、新郎，祝你们幸福！

　　　嫂：谢谢！请吃糖。

保：多谢！只是我的牙不好，一吃糖就疼！

罗：可是，这是喜糖啊！

保：哦，那我一定要吃！

罗：保罗，来见见我舅舅，舅舅就是母亲的哥哥、弟弟。

保：很高兴见到您！我也有个舅舅，今年夏天他要到中国来。

舅：欢迎他来，他是来旅游的吗？

保：主要是来谈判贸易的，也要到几个地方游览游览。

罗：哎，保罗，我再给你介绍一个人，你们互相认识一下儿。这是张小妹。小妹，这是我们那儿的专家。

张小妹：您好！

保：您好！我叫保罗，他叫小罗，我是哥哥，他是弟弟。

张：您真会开玩笑。

保：小罗，她是你妹妹？

罗：不，……啊，差不多，也可以说是妹妹。

保：啊！我知道了！她姓张，你姓罗。她是你的未婚妻。哎，小妹小姐，不，小妹同志，你们什么时候请我吃喜糖啊？

张：这……你问他！

母：保罗先生，我们准备一点儿酒，做了几个菜。

罗：保罗，来，喝两杯。

保：刚才吃的那个糖，叫喜糖。现在喝的这个酒，就应该叫喜酒吧！

罗：对，对！

保：那，新娘、新郎什么时候去教堂呢？

罗：我们是不去教堂的，只要到结婚登记处去登记，再请亲戚朋友来玩儿玩儿，就是结婚了。

生 词

大喜	dàxǐ	congratulations on this very happy occasion
嫂子	sǎozi	brother's wife
新娘	xīnniáng	bride
新郎	xīnláng	bridegroom
爱人	àirén	wife
幸福	xìngfú	happiness
牙	yá	tooth
喜糖	xǐtáng	wedding candies
舅舅	jiùjiù	mother's brother
主要	zhǔyào	mainly
专家	zhuānjiā	expert
开玩笑	kāi wánxiào	to joke
未婚妻	wèi hūnqī	fiancée
教堂	jiào táng	church
结婚	jié hūn	to marry, marriage
登记处	dēngjìchù	marriage registry
小罗	Xiǎoluó	a young man whose surname is Luo
保罗	Bǎoluó	Paul

26

1 List of new characters:

鼻	甲	院	乙	南	条	右
bí	jiǎ	yuàn	yǐ	nán	tiáo 條	yòu

拐	啦	丙	村
guǎi	la	bǐng	cūn

2 Reading exercises:

1)　拐　向右拐、向南拐、往哪边儿拐？

　　别　别人、别的地方

　　院　剧院、电影院

　　完　谈完、看完、听完、吃完

2)
　　　　　　　　　　　　　一直

　　　　你顺我的手一直往前看,那是什么？

　　　你去大剧院吗？顺这条路一直往前走就到了。

　　他在看一本新买的书,从早晨到现在他一直没休息。

　　　　　　我爷爷从小到老一直在北京,哪儿也没去过。

　　　　　　　　　　　向

　　劳驾,去钟楼向右拐还是向左〔zuǒ left〕拐？

　　　　　　你再向前走五分钟就到了。

　　　　　我应该向你们表示感谢。

　　　　我们应该向他学习〔xuéxí learn〕。

3))　谢芳华：夏西，我要去看一个朋友，他住新华公寓，我还
　　　　　　　不认识那儿呢？

　　夏　西：新华公寓？我认识！

　　　谢：太好了！

　　　夏：可我是从大剧院去那儿的，从你这儿怎么走？我
　　　　　就不知道了。

　　　谢：这好办，咱们先去找大剧院。

　　　夏：对，只要找到大剧院，我就认识路了。快，坐我
　　　　　的汽车去吧。

　　　谢：那就给你添麻烦啦！

　　　夏：没什么！来，我送你去，上车吧。

　　　　　　（谢芳华问路　Xiè Fāng Huá asks the way）

　　　谢：劳驾，去大剧院怎么走？

　　路　人：顺着这条路一直往南走，过了那个百货大楼，到
　　　　　十字路口向右拐。

　　　谢：谢谢了。

　　　　　　（ on the car ）

　　　夏：怎么走？

　　　谢：一直向前开

　　　夏：这儿人真多！

　　　谢：啊，这是百货大楼吧？开慢点儿吧，这儿自行车
　　　　　也多。中国真是一个自行车最多的国家。

　　　夏：听说这个城市差不多每家都有呢！

　　　谢：十字路口了，向右拐吧。

　　　夏：好，……啊！大剧院！

　　　谢：这个剧院是新的。还怎么走呢？

　　　夏：到这儿，我就认识路了。

　　　谢：又向右拐了。这条路很安静。哦，这儿还有一个
　　　　　教堂。再往哪边儿拐？

　　　夏：往右拐。你看，这是市内最美的公园，我经常到

这儿来散步。

谢：从外边看，那儿是很美。等一等，红灯！我们还
　　往右拐？

夏：对。……到了，这就是新华公寓！

谢：真不近啊！哎呀，那个楼不是我住的旅馆吗？

夏：怎么？新华公寓就在旅馆的附近哪！真糟糕，今
　　天我们舍近求远了。

谢：这个机会不是让我们看了看这个城市吗？

生　词

公寓	gōng yù	apartment
百货大楼	Bǎi huò dàolóu	department store
自行车	zìxíngchē	bicycle
城市	chēngshì	city
安静	ānjìng	quiet
教堂	jiàotáng	church
散步	sànbù	to take a walk
红灯	hóng dēng	red traffic light
旅馆	lǚguǎn	hotel
舍近求远	shě jìn qiú yuǎn	go for the distant and forget the near
哪	na （语气词）	a particle for emphasis

#

1 List of new characters:

庆	告	诉	黄	油	招	记
qìng 慶	gào	sù 訴	huáng	yóu	zhāo	jì 記

忘	毕	成	自	然	规	律
wàng	bì 畢	chéng	zì	rán	guī 規	lǜ

婚	爱	程	师	旦	床	椅
hūn	ài 愛	chéng	shī 師	dàn	chuáng 牀	yǐ

沙	柜	舞	蹈	班	庭	幸
shā	guì 櫃	wǔ	dǎo	bān	tíng	xìng

福	聊	艺	玉	珍	昆
fú	liáo	yì 藝	yù	zhēn	kūn

2 Reading exercises:

1) 特意

这是他特意为招待你买的酒。

听说，你要离开这儿了，我们特意来看你。

那个舞蹈演员是我哥哥的对象，我妈妈今天特意买了票，要看她的表演。

今天我特意请你来参观这个工厂，是因为这个厂的工程师都是我的老朋友。

……不了……

今天的菜太多，我们实在吃不了。

这两天下大雨，飞机飞不了。

明天我有事，送不了你，真对不起！

刚才王太太打电话来告诉我，王先生住医院了，国庆节他来不了这儿了。

2) 李先生：汉斯，你来了，我实在太高兴了。

汉　斯：咱们分别三十年了，今天老友重逢,能不高兴吗?

李：是啊，时间过得真快！

汉：但是，你一点儿也不老啊！

李：人是要老的，这是自然规律。儿子都要结婚了，我还不成老头了？哈哈………

汉：你还跟以前一样那么爱笑。

李："笑一笑，十年少"嘛！

汉：哦？

李：这里边还有个笑话呢。古时候，有一个人很爱生气，慢慢儿就得了病。他找了很多大夫，吃了很多药，但是一直没好。有一天，他的一位朋友从外地来看他。这位朋友是一个医生。他见了老朋友就请他给看看病。他朋友给他看了病以后说："啊，你得的是一种妇女病！"

汉：啊，这个人是女的？

李：不是，是男的。这个人听了哈哈大笑。他说："你糊涂了吧，我是个男人，怎么会得妇女病？"他朋友说："对，没错儿，没错儿！"他听了又哈哈大笑起来。这以后，他一想到这件事就笑，不到一年，他的病就好了。他高兴极了，就给他的朋友写了一封感谢信。"你说我这个男人得的是妇女病，真是一个笑话。但是，我没吃什么药，病就好了！"几天以后，他接到他朋友的回信，信上告诉他，"你的病是用笑治好的。"

汉：哈哈，哈哈……有意思，真有意思！

李：笑吧，笑吧！笑一笑，

汉：十年少！

生　词

过	guò	to pass
爱	ài	to love
笑	xiào	to laugh
少	shào	young
笑一笑，十年少		Be happy and you will remain young (literally, every time you laugh, you become ten years younger).
笑话	xiàohua	joke
生气	shēng qì	to get angry
得病	dé bìng	to fall ill
外地	wàidì	another part of the country
妇女	fūnǚ	women
女	nǚ	women
男	nán	man
治	zhì	to treat, to cure

76

3 Fill in the blanks with the right characters (numbers):

①油　②邮　③忘　④忙　⑤纪　⑥记

1) 你还____得两年前，我们在昆明相见时的情景吗？

2) 你父亲今年多大年____了。

3) 我的面包上不要放很多黄____。

4) ____局离这儿近吗？

5) 这件事，我一定____不了，你放心吧。

6) 这件事要请你来帮____。

28

1 List of new characters:

语	习	流	奖	声	调	教
yǔ 語	xí 習	liú	jiǎng 獎	shēng 聲	diào 調	jiāo

句	愿	始	睡	背	录	觉
jù	yuàn 願	shǐ	shuì	bei	lu 錄	jué 覺

法	言	除	耽	误	郭
fǎ	yán	chú	dān	wù 誤	Guō

2 Reading exercises:

1)　句　说句话　　　　　　流　流利
　　够　我够了，不要了。　　琉　琉璃厂

2)　　　　　　从……起
　　　　　　他从八岁起就开始学舞蹈。
　　从到西安的第三天起到今天，我一直感冒。
　　　　莉莉从上中学起就一直想做一个医生。
　　我们从认识的那天起就成了好朋友。

除了……以外

除了这几个音以外，你的音都发得很好，说得也很流利。

他们家除了他自己以外，没有别的人了。

今天跟他的谈话，除了耽误时间以外，什么收获也没有。

他很喜欢学习语言，除了学汉语以外，他还在学习法语和日语呢。

我每天下午除了听录音和写汉字以外，就看中文书。

(zhōng wén shū   chinese book)

3) 大　伟：张伯母，我很喜欢写汉字。但是，写汉字可真难啊，我常常写错。

张伯母：是啊，这就得多练习了。中国人不注意也会写错。从古代到今天，中国有很多关于写错字的笑话。

大：您给我讲一个，行吗？

张：很多年以前，有一个青年离开家到别的地方去上学。有一次，他给父亲写了封信。"……这里天气不好，每个人都有命，只有我没有命。我也不能向别人借命，我借了他们的命，他们就没有命了。所以，请你们找一找，家里有没有不用的命。有，就请给我寄来，没有，就请寄钱来，我可以在这儿买个命。"

看了他的信，家里人都不知道他那儿出了什么事。他们看了又看，想了又想才懂了。大伟，这封信说的是什么意思，你懂了吗？

大：我？我想，是不是这个青年人有危险了。

张：不是。你看，他写错了一个字，这封信就成了一个笑话，那个"命"字应该是个"伞"字！

大：哦，他是要"伞"，不是要"命"啊！

生　词

关于	guānyú	about
笑话	xiàohuà	joke, funny story
青年	qīngnián	youth
命	mìng	life, soul
借	jiè	to borrow
所以	suǒyǐ	therefore
最后	zuìhòu	in the end
才	cái	(only) ……did ……
危险	wēixiǎn	danger
伞	sǎn	umbrella

29

1 List of new characters:

橱	窗	着	皮	脚	靴	戴
chú	chuāng	zhe	pí	jiǎo	xuē	dài

帽	脖	围	巾	套	笑	疯
mào	bó	wéi 圍	jīn	tào	xiào	fēng 瘋

傻	长	聪	眼	睛	男	调
shǎ 傻	zhǎng 長	cōng 聰	yǎn	jīng	nán	tiáo 調

鬼
guǐ

2 Reading exercises:

1) 聪明——傻   远——近

   普通——特别   里边——外边

   简单——复杂   上边——下边

   对——错   天边——眼前

2)
一点儿也不……

京剧我一点儿也不懂。

这里的变化真大啊，我一点儿也不认识了。

今天外边一点儿也不冷，不用戴手套、围巾。

你讲得一点儿也不清楚，还是请他来讲吧。

说不定

李小姐到现在还没有来，说不定她不来了。

我们再等等她，说不定她正在路上呢。

那个穿着皮大衣的人正往这边来，说不定她就是李小姐。

天阴了，说不定一会儿要下雨呢！

他已经会用筷子了，说不定用得比你还熟练。

准

你看，那个戴着皮帽子的人正在向我们招手呢，他准认识你。

莉莉小姐非常聪明，她中文准学得很快。

我爱人见到你，准高兴极了。

学汉语不太难，只要多听多说多写，我相信准能学好。

3)   有一个大官儿，经常到阿凡提这儿来理发，但是，他每次都不给钱。阿凡提很生气。有一天，这个大官儿又来理发了。头发理完了，在给他刮脸的时候，阿凡提笑着问："先生，您要眉毛吗？""要！""好，您要，我就给您！"阿凡提说着就用刀刮下了这个大官儿的一双眉毛，放在他的手里。大官儿看着手里的眉毛，生气了，但是，他说不出话来，——不是我自己说"要"吗？

    阿凡提一边给他刮脸，一边又问："先生，您要胡子吗？"大官儿想，胡子是自己心爱的东西，可不能再让阿凡提刮了！他就马上说："不要！不要！""好，您说不要那就不要！"阿凡提说着，就又用刀刮下了大官儿的胡子，扔到了地上。

    大官儿气极了。他瞪着眼睛，举着手里的眉毛，指着地上的胡子，说："你，你，你发疯了！"

阿凡提摸着自己的胡子，笑着说："先生，我有什么错呢？你要的，我给你了。你不要的，我就扔了！"

生　词

大官儿	dà guānr	high official
阿凡提	Āfántí	name of an imaginary character
理发	lǐfà	to have one's hair cut
生气	shēngqì	to get angry
头发	tóufā	hair
刮脸	guāliǎn	to shave
眉毛	méimao	eye-brow
胡子	húzi	moustache
心爱	xīn'ài	to cherish, to value
扔	rēng	to throw away
地	dì	ground
举	jǔ	to hold up
指	zhǐ	to point
瞪	dèng	to stare
摸	mō	to stroke

3 Choose the correct ponounciation from the two choices for each character with a dot under it:

1) 她的那对大眼睛长 { zhǎng / cháng 得真美。

2) 这件大衣太长 { zhǎng / cháng 了。

3) 他真是个调 { diào / tiǎo 皮鬼，但是，可招人喜欢啦！

4) 你还要注意每句话的语调 { diào / tiǎo 。

#

1 List of new characters:

左	省	市	县	区	街	门
zuǒ	shěng	shì	xiàn 縣	qū 區	jiē	mén 門

果	首	容
guǒ	shǒu	róng

2 Reading exercises:

1) 跟……一样

那个电影的内容跟这本书的内容一样。

他今天穿的衣服跟昨天的一样。

你跟他一样聪明，可是我也不比你们傻。

我想买一个跟你们不一样的帽子。

看书跟写书不一样，写书难多了。

最后

我们先去北京、西安和南京，最后才去广州 (guǎng zhōu)。

今天是我们在西安的最后一天了，你们还有什么事要去办吗？

这个东西最后再买吧，有钱就买，没钱就不买了，好吗？

朋友们，我的话完了，最后，祝你们旅行愉快！

2) 陈明山先生：

你好！

你们离开北京已有一个星期了。在西安过得一定很愉快吧？西安跟北京一样有很多名胜古迹。到西安去的人都不会放弃这个参观游览的好机会。你是研究唐代历史的，对这些名胜古迹一定更有兴趣了。我相信，这次游览西安，你一定会有很大的收获。还有，西安有不少西北风味的中国菜，也是值得尝一尝的。

最后，告诉你一个好消息。前天，我在书店见到了你要买的书。我已经给你买好了。等你回北京以后，再给你送去。见到老张了吗？请代我向他一家问好。有空请来信！

祝你们全家

愉快！

李文汉

10月15日于北京

生　词

过	guò	to live
名胜古迹	míngshèng gǔjī	famous sites and places of historic interest
放弃	fàngqì	to give up, to pass up
更	gèng	more
兴趣	xìngqù	interest
西北	xīběi	north-west
风味	fēngwèi	flavour
消息	xiāoxi	news
于	yú	in

3 Fill in the blanks with the right characters (numbers):

①穿　②窗　③空　④容

1) 那个商店的大橱＿＿＿＿里站着一个＿＿＿＿着皮大衣的女人，跟真的人一样。

2) 这本书的内＿＿＿＿很多，我要好好看看。这个星期我没＿＿＿儿去看电影了。

31

1 List of new characters:

博	搞	青	当	政	治	济
buó	gǎo	qīng	dāng 當	zhèng	zhì	jì 濟

化	趣	系	喽	惜	林	乾
huà	qù	xì	lóu 嘍	xī	lín	qiān

陵	行
líng	háng

2 Reading exercises:

1) 青　青年、青年人、男青年、青年的时候
　　晴　天晴了、晴天了、天很晴、晴天的时候
　　睛　眼睛
　　情　心情、感情、热情、友情、情谊
　　清　清楚、清洁 (qīng jié　clean)
　　请　请问、请进、请坐、请看

2) 　　　　　搞
那个青年人是搞什么工作的？
张先生不是搞历史的。

谢教授（jiàoshòu professor）一直是搞经济工作的。

李太太什么事情都喜欢自己搞，她搞什么事都搞得很好。

简直

这个大学太美了，简直是一个大花园（huā yuán garden）。

这么热的天气，他还穿着皮大衣，简直发疯了！

您简直太客气了，为我们准备了这么多菜。

他走路的时候，快得简直跟跑（pǎo run）一样。

3)　小林：听说你有朋友了？

　　小王：我有很多朋友。你不也是我的好朋友吗？

　　林：别装傻了！我说的朋友自然是对象啦。

　　王：你的消息还真灵啊！

　　林：告诉我，他是搞什么工作的。

　　王：你猜。

　　林：是搞经济的。

　　王：不对。

　　林：是搞艺术的。

　　王：也不是。

　　林：哎，你自己说吧。

　　王：是搞教育的。

　　林：你们是同行啊，是中学老师还是大学教授？

　　王：在大学工作，是个助教，研究中国历史的。

　　林：啊，也跟我哥哥同行！

　　王：他也有个妹妹，就是有点儿傻！

　　林：说来说去，你还没告诉我，他在哪儿工作呀！

　　王：前年毕业以后，就在西北大学历史系工作。

　　林：什么！西北大学历史系，他叫什么名字？

　　王：他也姓林，叫林—小—东！

　　林：是我哥哥！

生　词

装	zhuāng	to pretend
消息	xiāoxī	news
灵	líng	quick (in getting information)
猜	cāi	to guess
艺术	yìshù	art
教育	jiào yù	education
老师	lǎo shī	teacher
教授	jiào shòu	professor

#

1 List of new characters:

目	于	消	播	标	详	细
mù	yú 於	xiāo	bō	biāo 標	xiáng 詳	xì 細

乐	视	第	频	图	线	央
yuè 樂	shì 視	dì	pín 頻	tú 圖	xiàn 綫	yāng

台	广
tái 臺	guǎng 廣

2 Reading exercises:

1)

关于

现在电视里正在播送关于总统(zǒng tǒng president)访华的消息呢。

关于西安的历史，我已经介绍过了，今天就不再详细说了。

他买的书都是关于中国政治和经济的。

刚才我听到了几条关于你们国家的新闻。

好几……

我们有好几年没见了，你这几年好吗？

好几位先生都在找你，刚才你去哪儿了？

我问了好几个人，才找到你们家。

今天的《人民日报》上有好几条新闻标题我都看不懂，请你
给我翻译(fānyì translate)一下儿。

2)　大伟：《茶馆》我看不懂，咱们换个台吧，第八频道有什么节目？

莉莉：第八频道是京剧。你也看不懂！《茶馆》是老舍先生的名作，怎么能不看？

大：老舍是谁啊？

莉：是中国一位很有名的作家，爸爸最喜欢看老舍先生写的书，他说一看老舍的书，就想起他自己在北京时的生活了。

大：那咱们……可我听不懂啊。

莉：我也不太懂，看看也好。

大：那有什么意思啊？跟没看一样。

莉：那可不一样，看看，可以了解一点儿旧中国的情况。

大：好，看看吧。

（过了一会儿，大伟睡了。）

莉：你看，你看，这个地方演得多好啊！……喂，你怎么睡了？

大：啊？哦，咱们还是看别的吧。

莉：我不。我还要看。

大：你看你的，我去听听收音机。

莉：你听得懂吗？

大：我听音乐，音乐当然听得懂！

莉：那你去吧。

大：莉莉，收音机怎么坏了？听不见声音了。

莉：我听听，嗯？真的，没有电了吧。

大：不会，电池是刚换的。

莉：那怎么听不清楚呢？

大：不是听不清楚，是听不见！

莉：哦！你这个人，真糊涂！你看，开关还没打开呢！

大：啊！我真困得糊涂了！

生　词

老舍	Lǎoshě	name of a well-known modern Chinese writer
名作	míngzuò	popular works
作家	zuòjiā	writer
了解	liǎojiě	to learn about
当然	dāng rán	certainly
坏	huài	out of order
电	diàn	electricity
电池	diànchí	battery
开关	kāiguān	switch
困	kùn	sleepy

3 Fill in the blanks with the right characters (numbers):

①百　②白　③伯　④干　⑤于　⑥样　⑦详　⑧钱　⑨线

1) 他买的电视机怎么____？

2) 我不知道那本书的____细内容。

3) 请你多给我们介绍介绍关____中国的情况，可以吗？

4) 让我们为陈先生的健康____杯！

5) 那种____色围巾多少____一条？

6) 李_____离开北京的时候，买了一____零三本中文书。

7) 中央台的图象不太清楚，请你调一下天____。

33

1 List of new characters:

宽	校	厦	更	处	充	而
kuān 寬	xiào	shà 厦	gèng	chù 處	chōng	ér

轻	洗	澡	泉	遍	解	交
qīng 輕	xǐ	zǎo	quán	biàn	jiě	jiāo

型	无	论	必	须	池	丝
xíng	wú 無	lùn 論	bì	xū 須	chí	sī 絲

花	郑	州
huā	zhèng 鄭	zhōu

2 Reading exercises:

1)　　　　　　　　　　　到处

这个学校到处都很干净。

现在咱们城里到处都在谈李德先生家着火（zháo huǒ catch fire）的事。

你看见我的手套了吗？我到处找也没找到。

这个节目很好，到处都受（shòu to receive）欢迎。

无论……都……

这里的人无论大人还是小孩，都很热情。

无论看舞剧还是看话剧，他都有兴趣。

明天我不出去，你无论什么时候来都可以。

无论谁都可以去买票，为什么一定要你去呢？

后来

他二十年前来过一次西安，后来再没有来过了。

这本书我年轻的时候看了一遍，后来，再也没有看过，内容都不记得了。

大学毕业以后，他回国工作了，后来，我们只见过一面。他现在的情况我太不了解。

张先生和张太太这次旅行去了东北好几个地方，后来又去西安，郑州玩了两个星期，他们玩得很高兴。

2) 夏西：老张，请坐。对不起，让你等了很长时间。我刚才洗澡来着。

张：不，我只等了一会儿。

夏：你喝点儿咖啡，还是喝点儿茶？对了，中国人喜欢喝茶，来一杯吧。

张：不要麻烦了。

夏：不麻烦。我从北京到西安，无论到哪儿，中国人都用茶来招待我。

张：是啊！中国人喜欢喝茶，喝茶是很普通的。但是习惯不一样。喝的茶也不都一样，有红茶，绿茶，还有花茶。红茶比绿茶和花茶都苦一些。

夏：我们也常喝红茶，但是有的人爱放一些糖。我们喜欢用中国的茶叶。中国茶有两千多年的历史了。一千五百年以前，中国跟外国开始了经济交流，亚洲国家就先喝上了中国茶。七百多年以前，欧洲人也能买到中国茶叶了。后来，美洲也见到了中国茶叶。

张：你真是个中国通！

夏：哪里！老张，你喜欢喝什么茶？

张：我最喜欢花茶，花茶味道比绿茶更好。

夏：可惜我这里只有龙井，你不习惯喝绿茶吧？

张：没关系！龙井也是中国的名茶啊。

夏：来，快喝吧！

生　词

普遍	pǔbiàn	common
习惯	xíguàn	habit
红茶	hóngchá	red tea
绿茶	lǜchá	green tea
花茶	huāchá	flower tea
茶叶	cháyè	tea
亚洲	Yà zhōu	Asia
欧洲	Ōu zhōu	Europe
美洲	Měi zhōu	the America
中国通	Zhōngguó tōng	an expert on China
龙井	lóngjǐng	a very famous variety of green tea

3 Fill in the blanks with the right characters (numbers):

①青　②轻　③城　④成　⑤需　⑥须

1) 这件事必＿＿＿你去办，别人不行。

2) 谈判还没有完，我还＿＿＿要去一下儿，今天我就不去参观那个学校了。

3) 现在的＿＿＿年人跟我们年＿＿＿的时候不一样。

4) 我不喜欢在＿＿＿里住。那里到处都是人，到处都是高楼大厦。

5) 家里人都希望他做一个工程师，可是他现在却＿＿＿了一个舞蹈家了。

34

1 List of new characters:

拿	姑	舅	拾	箱	托	远
ná	gū	jiù	shí	xiāng	tuō	yùn 運

衬	衫	裤	镜	领	便	品
chèn 襯	shān	kù 褲	jìng 鏡	lǐng 領	biàn	pǐn

帐	决	加	议	所	抱	歉
zhàng 帳	jué	jiā	yì 議	suǒ	bào	qiàn

府	井
fǔ	jǐng

2 Reading exercises:

1) 便　须便　方便 (convenient)

使　大使　大使馆

帐　结帐　算帐　帐本　帐目

张　两张报

箱　箱子

相　互相　相信　相遇　照相

2)
左右

他下星期一左右去日本，你有事，请这个星期找他。

我五点左右回来，谁来找我，请你告诉他。

那个人长得很高，比较瘦（shòu thin），年纪在四十岁左右，你认识他吗？

顺便

你去打电话的时候，顺便给我买五张八分的邮票，行吗？

你到上海去吗？那可以顺便去看看我姑姑。

这封信我给你寄去吧，我这是顺便。

我不是专门（zhuānmén special）来参观的，是顺便进来看看的。

决定

这个决定太好了。

这是你们单位的决定。

你决定去参加那个会议了吗？

他决定送给王芳这两张照片。

3)　王文：老张，听说你今天就要回上海了？

张新：是啊。火车票都已经买来了。

　王：几点的？

　张：晚上九点三刻的。

　王：行李都收拾好了吗？

　张：都收拾好了。帐也结完了。

　王：行李多不多，要不要我帮忙？

　张：不用了。有两个箱子别的同志已经帮我托运了，这两件东西自己拿着就行了。

　王：以后什么时候再来北京？

　张：还不知道。我想，这样的机会一定会很多的。

　王：那是啊。明年不是还要开一个学术交流会议吗？那你是一定要参加的。

　张：我争取。你怎么样？跟外商的贸易谈判有结果了吧。

王：快签合同了。所以，可能下个月十号左右，我要去一趟广州。

张：这正好。我姑姑要的几本书和两件衬衫，昨天我在王府井买到了，你去广州的时候，顺便给捎（shāo bring to）去吧，行不行？

王：那还用说？你和我还用客气吗？这几年我也没少让你帮忙啊！

生　词

学术	xuéshù	learning, scholarship
趟	tàng	trip
广州	Guǎngzhōu	major Chinese city in the south
姑姑	gūgu	father's sister

35

1 List of new characters:

厅	把	斤	续	衷	原	谅
tīng 廳	bǎ	jīn	xù 續	zhōng	yuán	liàng 諒

改	祖	随
gǎi	zǔ	suí 隨

2 Reading exercises:

1)　　　　　　把

你把飞机票放在哪儿了？

她把机票放在那个小手提包里了。

糟糕，我把照相机忘在汽车上了。

司机把你的照相机送来了，可是他把照相机交给机场工作人员了。

　　　　随时

机场的海关二十四小时都工作，你随时可以去办手续。

他们有什么做得不够的地方，欢迎你随时提出意见。

你有事，可以随时去找他们帮忙。

以前他就住在我对面，我们经常见面，现在他住得离我们很远，我们不能随时去看他。

　　　　得到

今天早上我才得到这个消息。

这次回国我得到很大的收获。

你的工作能得到张先生帮助，一定会很顺利的。

2)　　莉莉：小谢，这么早，你就把房间都打扫干净了！真好！

　　小谢：莉莉，我不是对你说过了吗？不要总是说："好"，要多提意见，我可以改进工作啊！

　　莉：我们住在这儿，给你们带来了很多麻烦。我们都衷心地感谢你！

　　谢：你太客气了。麻烦什么？你们带来的是我们之间的友谊！你离开中国以前，一定要把意见留下，别带走啊。

　　莉：我们认识的时间不长，说实在的，小谢，我们全家都在说你哪！

　　谢：说我？啊，意见还不少呢。你说慢点儿，我把意见记下来。

　　莉：对，你应该把我们的意见记在本子上。

　　谢：请提吧。

　　莉：我们都说，小谢是一个热情的中国姑娘。都记下来了吧？

　　谢：你可真会开玩笑！

　　莉：现在，我最后想提一个要求。

　　谢：请说。

　　莉：我回国以后会想你的。你送我一张照片，作个纪念行吗？

　　谢：是这个要求啊！当然可以，不过，请原谅，现在身边没带着，下午再给你吧。

　　莉：没关系。我也送给你一张！

　　谢：我正想向你提呢！

　　莉：我已经准备了一张。我把这张在长城上照的送给你，怎么样？

　　谢：快给我看看，啊，你真漂亮。可是说真的，还是莉莉小姐本人更漂亮！

生　词

打扫	dǎsǎo	to clean
总是	zǒngshì	always
姑娘	gūniáng	girl
开玩笑	kāi wánxiào	to joke
要求	yāo qiú	requirement
漂亮	piào liàng	pretty
本人	běn rén	one's own person

3 Fill in the blanks with the right characters (numbers):

①愿　②原　③祖　④租　⑤订　⑥厅

1) 我是坐出＿＿＿汽车来的。

2) 这次回来，我看到＿＿＿国有很大变化，心里真有说不出的高兴！

3) 你心里多年的＿＿＿望今天实现了！

4) 请＿＿＿谅，您回国手续,我们还没办完,您过两天再来吧。

5) 张先生家里没有客＿＿＿，他常常在他的书房里会客 (huì kè to receive a visitor) 。

6) 谈判还没完，所以合同还没有签＿＿＿呢。

PART II

Chinese Characters

The Chinese characters have a history of four thousand years. They are among the oldest written languages in the world.

Chinese characters are what the Han nationality use as their written language. Since the Hans are by far the most populous and the most widespread ethnic group in China, their written characters have become the main written language among all the other nationalities of China. So now it has become the most widely used written language in the political, economic and cultural life of the present day China.

All Chinese characters are square in shape, so they have come to be known as "square characters". They are different from the phonetic alphabetic language in that each character has an individual meaning. Generally speaking, once you have mastered the rules of spelling with an alphabetic language, you can write down what you hear, and read aloud what you see in writing. But with ideographs you must know the meaning and also the shape of each character if you want to write down what you hear. In an alphabetic language you generally need two or more letters to produce a syllable. And in writing, the basic unit is the word with the letters in it written one after another. In Chinese, each character is a syllable, and a simple character may be a word or a part of a word (component). So if you want to learn and be able to use the Chinese characters you must know the shape, the sound and the meaning of each character. You must know how to write them, how to pronounce them and how to explain them. This is indeed not an easy thing to do, but there are certain rules governing the Chinese characters. Once you have mastered these rules, you will find they will help you to recognize, to read and to write the Chinese characters.

I. The Strokes

When you write with a pen, from the point your pen touches the paper till the point where you lift your pen makes up a stroke. And strokes are mostly made up of dots and lines. The Chinese character, with very few exceptions, are all multi-stroked.

There are altogether more than 30 different strokes, but only eight of them are the basic ones. All the rest are variations of these basic strokes.
The eight basic strokes are:

(⟶)	横 (héng)	Horizontal	The pen moves from the left towards the right and never the other way round.
| (↓)	竖 (shì r)	Vertical	The pen moves from the top downward, never upward.

ノ (↙)	撇 (piě)	Left-falling	The pen moves from top-right down to bottom-left.
ー (↗)	提 (tí)	Rising	The pen moves from bottom left to top-right.
゙ (↘) ノ (↙)	点 (diǎn)	Dot	The pen moves from top to bottom-right or bottom-left.
＼ (↘)	捺 (nà)	Right-falling	The pen moves downward to bottom-right and then extend towards right.
㇗ (↗) 亅 (↓)	钩 (gōu)	Hook	Some strokes make a turn at the end to make a hook by the quick lifting of the pen.
ㄱ (↘) ㄴ (↳)	折 (zhé)	Turning	When a horizontal stroke reaches the right end it turns downward to make another vertical stroke. When a vertical stroke reaches the bottom, it turns right to make a horizontal stroke. These turnings should be completed as simple strokes.

stroke	name	example
→	横 Horizontal	王 wáng
｜ ↓	竖 Vertical	王 wáng
ノ ↙	撇 Left-falling	人 rén
＼ ↘	捺 Right-falling	人 rén
゙ ↙ 、 ↓	点 dot	心 xīn
ー ↗	提 Rising	我 wǒ
㇆ ㇉ 亅 ↓	钩 Hook	你 nǐ 心 xīn
㇇ ㄴ ㇈	折 Turning	日 rì 山 shān

When writing a stroke, pay attention to the direction the pen point moves and exercise even strength. Both the horizontal and vertical lines must be straight.

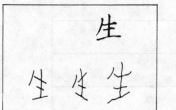

This looks regular and well-balanced.

This look untidy and weak.

Exercises:

1) Copy the following strokes:

→	
∣ ↓	
∕ ↓	
＼ ↘	
丶 ↘	
⟋ ↗	

2) Pick out from the new characters in Lessons 1-3 words that contain the following strokes:

e.g.

一　　　　　王

一	——	——	——	——
∣	——	——	——	——
∕	——	——	——	——
＼	——	——	——	——
丶	——	——	——	——
∕	——	——	——	——

3) Copy the following strokes:

コ ユ	
⏋ ⎦	
㇏ ㇈	This looks regular and well balanced
⏋ ⏋	
㇄ ㇄	
㇙ ㇙	

4) List out all the strokes contained in each of the following characters:

生 _____ _____ _____

对 _____ _____ _____ _____

史 _____ _____ _____ _____

找 _____ _____ _____ _____ _____

参 _____ _____ _____ _____

Strokes can be joined together and written as a single stroke, thus becoming complete strokes with many turnings. e.g.

stroke	name	example
㇆（㇆）	横折钩 Horizontal-vertical with a hook	再 zài
㇉（㇉）	竖横折钩 Vertical-horizontal with a hooked bending	马 mǎ
㇄（㇄）	竖折钩 Vertical with a hooked bending	見 jiàn
乙（乙）	横竖弯钩 Horizontal-vertical with a hooked bending	几 jǐ
㇋（㇋）	横折折撇 Horizontal with a double turning and a left-falling	这 zhè
㇌（㇌）	横折弯钩 Horizontal with a turning and a hooked bending	那 nà
㇜（㇜）	撇点 Left-falling with a dot	女 nǚ

Exercises:

1) Copy the following strokes:

了 (了)	
ㄣ (与)	
し (也)	
ろ (及)	
乙 (乞)	
了 (孑)	
乀 (乀)	

2) Copy the following components and characters:

乙　九　九　九　九　九　九　九

ろ　冫　辶　建　建

纟　纟　纟　细　织

讠　讠　讠　请　请　说　说

阝　阝　阝　院　院　那　那

马　马　马　吗　吗

女　女　女　妈　妈　好　好

3) List out all the strokes contained in each of the following characters:

吧 _____ _____ _____ _____ _____

局 _____ _____ _____ _____ _____

号 _____ _____ _____ _____ _____

轨 _____ _____ _____ _____ _____

4) Pick out from the new characters in Lessons 1-10 characters that contain the following strokes:

了 _____ _____ _____ _____ _____

一 _____ _____ _____ _____ _____

亅 _____ _____ _____ _____ _____

⌐ _____ _____ _____ _____ _____

⊐ _____ _____ _____ _____ _____

与 _____ _____ _____ _____ _____

∟ _____ _____ _____ _____ _____

Rules on strokes:

All strokes in a character are fixed: the number is fixed, their positions are fixed, so is their length and the way they are all joined together. So when you write out a character, you must write all the strokes according to a strict set of rules. You can change neither the shapes, nor the number, nor the positions of any of the strokes. Nor can you change the length of any of the strokes. This is especially important with characters of similar shapes. e.g.

干 (gàn) dry   人 (rén) person   己 (jǐ) self   问 (wèn) ask

千 (qiān) thousand   八 (bā) eight   已 (yǐ) already   间 (jiān) between

旧 (jiù) old, used   日 (rì) sun, day   田 (tián) field   甲 (jiǎ) A

归 (guī) return   目 (mù) eye   由 (yóu) from   申 (shēn) state

The rules of writing are so strick that any slight alternation in the number of strokes will result in wrong characters or characters totally different in meaning. There are many such folk stories and jokes in Chinese history. One told of an emperor who loved best his fourteenth son. Just before his death he wrote in will that he would leave his throne to his fourteenth son (" 传位十四子 "). This will was put behind a scroll on the wall in the palace. It happened that the emperor's fourth son found it and took it out without anybody's knowledge. He added a horizontal stroke above the character 十 and added another hook to the vertical stroke, the character became 于 , so the sentence became " 传位于四子 " which now meant "I leave my throne to my fourth son". So the fourth son easily usurped the throne by simply adding two strokes to a character.

II Order of Strokes

With very few exceptions, all Chinese characters contain more than two strokes. There are strick rules on which strokes come before which, and we call them rules on order of strokes. Chinese characters are not difficult to write once we master the strokes and rules on their order.

Rules on Order of Strokes:

1   First horizontal, then vertical: You first write the horizontal stroke or stroke containing a horizontal, then the vertical, the left-falling, the right-falling, etc. e.g.

2   First left-falling, then right-falling: When a left-falling stroke and a right-falling stroke are joined, or when they cross each other, you write the left-falling stroke first, then the right-falling. e.g.

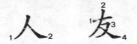

3   First top, then bottom: You write the strokes at the top first, then those at the bottom. e.g.

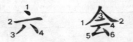

4   First left, then right: You write the strokes on the left side first, then those on the right. e.g.

5   First middle, then the two sides: When the vertical stroke is in the middle and in a prominent position, it is generally written first. e.g.

小 山 水

But when the vertical stroke crosses with other strokes and has no other stroke at its bottom, then it is generally written last.

中 聿

6 First outside, then inside: You write the enclosing strokes first, then the strokes inside the enclosure when the enclosing strokes are on the top. e.g.

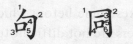

But when the enclosing strokes are at the bottom, either left and bottom or right, then you write the inside strokes first, then the strokes outside. e.g.

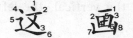

7 "Enter first, then close the door": With a completely enclosed character, you write " 冂 " first, then the strokes inside that and put a horizontal line underneath to close it completely. e.g.

Exercises:

1) Trace the following characters in correct order:

First horizontal, then vertical	十	一	十	十	十	十	十
	下	一	丁	下	下	下	下
First left-falling, then right-falling	八	丿	八	八	八	八	八
	天	一	二	手	天	天	天
First top, then bottom	三	一	二	三	三	三	三
	京	一	亠	古	宁	宇	京
First left, then right	生	丿	丄	牛	牛	生	生
	口	丨	冂	口	口	口	口
"Enter first, then close the door"	日	丨	冂	日	日	日	日
	国	丨	冂	冂	国	国	国

| First middle, then the two sides | 小 | ⼃ | ⼃ | 小 | 小 | 小 | 小 |
| | 水 | ⼅ | ⽔ | ⽔ | 水 | 水 | 水 |

2) Put numbers to the strokes of each character in their correct order.

e.g. ₁人₂

介 太 见 床 因

3) Write out the vocabulary lists of each lesson using the correct strokes and in their proper order.

III The Structure of Chinese Characters

Structuraly, there are two catagories of Chinese characters. They are:

1) Simple characters: characters of a single component. e.g. 门、口、日、月。

2) Compound characters: characters made up of two or more components. e.g.

门 ＋ 口 ——→ 问   讠 ＋ 身 ＋ 寸 ——→ 谢

门 ＋ 日 ——→ 间   竹 ＋ 土 ＋ 寸 ——→ 等

日 ＋ 月 ——→ 明   口 ＋ 口 ——→ 回

There are, in the main, three ways of combining different components to make a compound character. The order of the strokes is shown by the numbers inside the frames below:

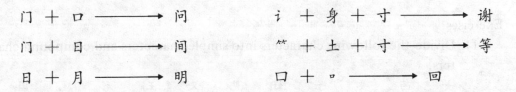

1) Left-and-right structures: 你 [1 | 2]   好 [1 | 2]

2) Upper-and-lower structures: 是 [1 / 2]   志 [1 / 2]

3) Inside-and-outside structures: 这 [1 / 2]   店 [1 / 2 3]   国 [1 / 2 / 3]

But there are many complicated structures. e.g.

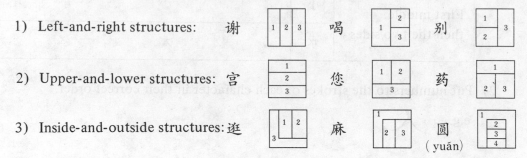

1) Left-and-right structures: 谢

2) Upper-and-lower structures: 宫

3) Inside-and-outside structures: 逛

No matter how many components or how many strokes a character has, each character should be written evenly within the space of a square. Different components of a compound character should hang together tightly as a single unit. Here is a story to show the importance of the tightness of a structure: During the time of the Three Kingdoms, Tsao Tsao once received a box of cakes. He casually wrote "合酥" (a box of cakes) on the box and left it on the table. His secretary Yang Xiu saw it and distributed the cakes to the ministers. When Tsao Tsao came back, he found the cakes all gone and asked Yang Xiu what had happened to them. Yang Xiu answered: "You wrote on the box that the cakes should be distributed, so how could we do otherwise?" What happened was that the two characters " 一 合" were too loosely written and when vertically read, it became " 一人一口 ", which meant literally "a bite for each".

Exercises:

1) Divide the following characters into simple characters and compound characters:

女　西　要　子　好　见　又　王　元　观　园　玩

simple characters:

compound characters:

2) Divide the following compound characters into the three main types according to their structures:

请　谢　安　回　房　想　箱　意　送　部　接

Left-and-right structure:

Left-and right structure:

Upper-and-lower structure:

Inside-and-outside structure:

3) Write out five compound characters for each of the following structures as indicated by the following frames:

_____ _____ _____ _____ _____

_____ _____ _____ _____ _____

_____ _____ _____ _____ _____

_____ _____ _____ _____ _____

_____ _____ _____ _____ _____

IV Radicals

Many compound characters contain a common component. Such a component is called a radical. For example the characters 请、谢、谁、词、说、话、谈 all contain the component "讠". And again the characters 吃、喝、吗、问、呼、吸、号 all have a common component "口". "讠" and "口" are known as radicals.

Some radicals are simple characters themselves, such as 口、木、门、心、讠 (the simplified form of "言"), etc. Some radicals are not independent characters and can only act as components in compound characters. For example: 氵、扌、宀 ......

Exercises:

1) Indicate what components each of the following characters contain:

相	_____ _____	员	_____ _____
阳	_____ _____	国	_____ _____
这	_____ _____	笑	_____ _____
志	_____ _____	街	_____ _____
问	_____ _____	寄	_____ _____
红	_____ _____	树	_____ _____

2) Indicate the common radical for each of the following groups of characters:

城、 场、 坐、 坛、 在 _____

志、 息、 感、 怎、 想 _____

菜、 获、 茶、 英、 药 _____

按、 抽、 捡、 打、 播 _____

别、 刚、 到、 剧、 刻 _____

Most compound characters are made up of two radicals, one to show its meaning – the ideographic radical and the other to show its pronunciation – the phonetic radical. Take for example the character " 问 ". You have to use your mouth to ask something, so the radical " 口 " is there to show the meaning. The pronunciation of the character " 问 " is similar to the pronunciation of " 门 " (the simplified form of " 門 "), so " 门 " is used as its phonetic radical.

Ideographic radicals can help us understand the meaning of some characters. e.g.

讠(言) 字旁 The ideographic radical 讠（言）has something to do with language or speech 说、 话

日字旁 The ideographic radical 日 has something to do with the sun 晴、 暖

亻立人旁 The ideographic radical 亻 has something to do with people 你、 他

忄竖心旁 The ideographic radical 忄 has something to do with human feelings 情、 愉

氵三点水旁 The ideographic radical 氵 has something to do with water 洗、 清

Phonetic radicals provide us an approximate guide to the pronunciation of characters. For example, 请、晴、情、清 all have " 青 " (qīng) as their phonetic radical, so they are similar in sound.

Exercises:

1) Indicate whether the following radicals with a dot underneath them are phonetic radicals or ideographic radicals.

巴 (bā)　　吧 (ba)　　爸 (bà)　　　金 (jīn)　　钢 (gāng)　　刚 (gāng)

相 (xiāng)　箱 (xiāng)　想 (xiǎng)　　古 (gǔ)　　故 (gù)　　故 (gū)

马 (mǎ)　　妈 (mā)　　吗 (ma)　　　采 (cǎi)　　菜 (cài)　　彩 (cǎi)

曼（màn）　慢（màn）　馒（mán）　　方（fāng）　房（fáng）　访（fǎng）

日（rì）　昨（zuó）　作（zuò）　　化（huà）　华（huá）　花（huā）

足（zú）　跟（gēn）　很（hěn）　　中（zhōng）　衷（zhōng）　种（zhòng）

主（zhǔ）　注（zhù）　住（zhù）　　目（mù）　眼（yǎn）　睛（jīng）

2) Using the pronunciations of the first characters as a guide, read out or transcribe the second characters in their correct tones.

道　导（導）_____（ˇ）　　　每　梅　_____（ˊ）

票　飘　_____（ˉ）　　　支　枝　_____（ˉ）

坐　座　_____（ˋ）　　　留　溜　_____（ˉ）

古　固　_____（ˋ）　　　方　纺　_____（ˇ）

3) Write out the Chinese characters with the following common components according to the tone indications given in brackets.

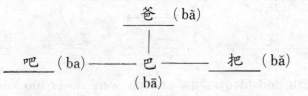

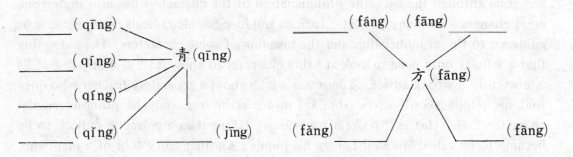

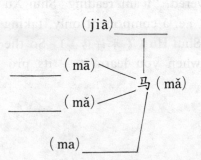

The pronunciation of characters with a common phonetic radical are similar. But their meanings are different with different ideographic radicals, therefore they should be learned with the characters that usually go with them. For example, characters like 马 码 吗 妈 骂 must be learned with words and expressions "马上" "号码" "你去吗？" "妈妈" "骂人"（mà rén cursing people）

Exercises:

1) Write out the pronunciation of the following characters and also words and expressions that each character belongs to:

己 ( ) _____	块 ( ) _____	府 ( ) _____
记 ( ) _____	快 ( ) _____	附 ( ) _____
纪 ( ) _____	筷 ( ) _____	腐 ( ) _____
加 ( ) _____	冒 ( ) _____	取 ( ) _____
驾 ( ) _____	帽 ( ) _____	趣 ( ) _____
会 ( ) _____	玩 ( ) _____	钟 ( ) _____
绘 ( ) _____	完 ( ) _____	衷 ( ) _____

Note: As phonetic radicals and ideographic radicals were never too scientifically combined, and also because of the development and changes the Chinese language has gone through the ages, the pronunciation of the characters has also undergone great changes. So many phonetic radicals and ideographic radicals no longer give us guidance to the pronunciation and the meaning of some characters. The old saying that a scholar only need to look at half a character to know it (" 秀才识字念半边 ") is obviously a wrong advice. There was a joke about a geography teacher who once told his pupils about otters (shuǐ tǎ) in a certain area, only he pronounced the character " 獭 " (tǎ) as " 赖 " (lài), obviously taking it as a phonetic radical, so he became to be called Mr. Shui Lai by his pupils. Another story told of a man who, when asked by a friend what he was reading, answered, "I am reading Shuǐ Xǔ (《水浒传》). Again, he only read half a character, i.e. a component only, taking it to be a phonetic radical, for the famous novel is Shuǐ Hǔ (《水许传》). So the moral is: find out everything about a character when you learn it — its pronunciation, shape, and meaning.

Exercises:

Give phonetic transcriptions to the following characters and also write out words and expressions that contain these characters.

活 ( ) ＿＿＿＿	听 ( ) ＿＿＿＿
话 ( ) ＿＿＿＿	所 ( ) ＿＿＿＿
刮 ( ) ＿＿＿＿	新 ( ) ＿＿＿＿
休 ( ) ＿＿＿＿	介 ( ) ＿＿＿＿
体 ( ) ＿＿＿＿	价 ( ) ＿＿＿＿
兑 ( ) ＿＿＿＿	只 ( ) ＿＿＿＿
说 ( ) ＿＿＿＿	识 ( ) ＿＿＿＿
孩 ( ) ＿＿＿＿	少 ( ) ＿＿＿＿
刻 ( ) ＿＿＿＿	沙 ( ) ＿＿＿＿
住 ( ) ＿＿＿＿	首 ( ) ＿＿＿＿
往 ( ) ＿＿＿＿	道 ( )

The following is a list of common radicals:

刂	土	衤	月	口
亻	辶	马	目	户
冫	扌	车	广	宀
讠	广	火	疒	刀
阝	门	木	足	力
力	宀	纟	鸟	鱼
氵	女	钅	虫	雨
彳	饣	心	酉	贝
忄		王	竹	气
艹	禾	日	石	攵

118

Exercise:

Write out characters that you have learned which contain the following radicals:

口：_____

口：_____

阝：_____

辶：_____

纟：_____

月：_____

日：_____

宀：_____

亻：_____

彳：_____

艹：_____

竹：_____

心：_____

灬：_____

Students should pay special attention to the Chinese characters that are pronounced the same way but are written differently and also mean totally different things. For example 是、事、试、适、室、市 are all pronounced shì, but their meanings are different. For example, "他是谁?" means "Who is he?", " 事情 " means "matter", " 试衣服 " means "try on some clothes", " 合适 " means "to fit" or "just right" or "suitable", " 注射室 " means "injection room" and " 城市 " means "city". So in Chinese every sound is represented by many different characters, and each character is a phonetic symbol with a special meaning. Therefore, in learning a character, a student should learn words and phrases with which the character is connected. This may be difficult, but it is the only way to learn Chinese.

Exercise:

Fill in each blank with a suitable character given in the bracket:

1) 我希＿＿＿以后每年都能回来看看。（忘、望）

2) 李莉是一个＿＿＿蹈家。（舞、午）

3) 这儿的菜＿＿＿道实在好。（位、味）

4) 我的病＿＿＿经好了，不用打针了。（已、以）

5) 这次参观，我的收＿＿＿比上次大。（货、获）

6) 每年到那儿去旅＿＿＿的人都很多。（游、油）

7) 王太太今天去看他，还特意＿＿＿了很多礼物。（代、带、戴）

8) 他的老三最＿＿＿他。（向、相、象）

9) 您太累了，是不是需要休＿＿＿两天。（息、吸、西）

10) 对不起，我耽＿＿＿了你这么多时间。（物、务、误）

V Reform of the Written Chinese and Simplification of Characters

From ideographic to the alphabetic is the general trend of language development. Today most languages in the world are alphabetic. At the present stage of development, most Chinese characters are picto-phonetic, though only one half of a character (a radical, or a component) is phonetic in nature. Each sound is a character and each character is a picture, so inevitably there are too many different characters and with complicated strokes and structures, they are difficult to recognize, difficult to write and difficult to memorize. Alphabet can overcome all those difficulties, so to reform the written language and adopt an alphabetic system is the inevitable trend in the development of our written language.

Before an alphabetic system can be adopted, the Chinese spoken language must be standardised. At the same time the Chinese characters must be simplified as a first step, both in form and in number. In the List of Simplified Characters officially published in 1956, there were altogether 2238 characters whose strokes were reduced almost by half.

Chinese characters are simplified by the following methods:

1　Using simpler radicals, e.g.

刘 —— 劉　　难 —— 難

礼 —— 禮　　适 —— 適

优 —— 優　　环 —— 環

2　Deleting some components, e.g.

务 —— 務　　奋 —— 奮

号 —— 號　　乡 —— 鄉

开 —— 開　　虫 —— 蟲

3　Replacing with simpler homophones, e.g.

斗 —— 鬥　　丑 —— 醜

郁 —— 鬱　　后 —— 後

谷 —— 穀　　只 —— 隻

4　Adopting the cursive forms, e.g.

东 —— 東　　书 —— 書

齐 —— 齊　　车 —— 車

乐 —— 樂　　专 —— 專

5　Creating associative compounds, e.g.

泪 —— 淚　　笔 —— 筆

灶 —— 竈　　众 —— 衆

尘 —— 塵　　体 —— 體

6　Replacing with simpler symbols, e.g.

难 —— 難　　观 —— 觀

戏 —— 戲　　邓 —— 鄧

7　Creating new picto-phonetic compounds, e.g.

护 —— 護　　响 —— 響

惊 —— 驚　　肤 —— 膚

APPENDIX
Glossary of Words and Expressions

（括弧内的数字表示习作本的课数）
(The number in brackets indicates the lesson in which the expression could be found.)

A

阿	ā	阿姨（25）
啊	á	啊（2）
	a	啊（10）
哎	āi	哎呀（9）　哎哟（20）
艾	ài	艾琳（2）
爱	ài	爱人（27）
安	ān	平安（20）
按	àn	按时（15）

B

八	bā	八（3）
把	bǎ	把（35）
爸	bà	爸爸（5）
吧	ba	吧（5）
百	bǎi	百（7）
		百闻不如一见（22）
班	bān	下班（27）
办	bàn	办（21）　怎么办（21）
半	bàn	半（9）
帮	bāng	帮（13）　帮助（22）
		帮忙（24）
镑	bàng	英镑（7）
包	bāo	包裹（22）　手提包（24）
		面包（27）

报	bào	预报（16）　电报（20）
		报（32）
抱	bào	抱歉（34）
杯	bēi	干杯（23）
北	běi	北京饭店（10）
		北京（16）　北海（18）
		北（26）　北边儿（26）
背	bèi	背（28）　背面（30）
备	bèi	准备（20）
本	běn	本（5）　本子（11）
鼻	bí	鼻子（26）
比	bǐ	比利·威尔逊（11）
		比较（12）　比（25）
笔	bǐ	钢笔（11）
必	bì	必须（33）
毕	bì	毕业（27）
币	bì	外币（7）　人民币（7）
边	biān	边儿（12）　里边儿（14）
		一边……一边……（23）
		北边儿（26）
		南边儿（26）
		前边儿（26）
		后边儿（26）
		东边儿（26）
		下边儿（26）
		身边（27）

次	cì	次(18)	
聪	cōng	聪明(29)	
从	cóng	从(18)	
		从……到……(18)	
		从……起(28)	
醋	cù	醋(14)	
村	cūn	村(30)	
错	cuò	不错(12)	

D

打	dǎ	打(10)(15) 打算(21)	
大	dà	大伟(2) 大使馆(4)	
		《大闹天宫》(10)	
		大(11) 大衣(12)	
		大后天(18) 伟大(22)	
		大家(23) 大学(27)	
		老大(27) 大厦(33)	
		大厅(35)	
	dài	大夫(15)	
呆	dāi	呆(24)	
带	dài	带(17) 领带(34)	
代	dài	古代(21) 代(24)(31)	
戴	dài	戴(29)	
待	dài	款待(24) 招待(27)	
耽	dān	耽误(28)	
单	dān	单子(7) 简单(25)	
		单位(34)	
但	dàn	但(16) 但是(33)	
蛋	dàn	蛋糕(8) 鸡蛋(14)	
旦	dàn	元旦(27)	
当	dāng	当时(31)	
刀	dāo	刀子(23)	
蹈	dǎo	舞蹈(27)	
道	dào	味道(23) 知道(25)	
		频道(32) 街道(33)	

到	dào	捡到(11) 到(13)	
		到处(23) 到底(25)	
得	dé	得到(35)	
	de	怪不得(17) 得(18)	
		值得(23) 记得(27)	
		觉得(28)	
	děi	得(23)	
的	de	别的(4) 的(20)	
		有的(25)	
地	de	地(33)	
	dì	旧地重游(18)	
		地方(20) 地址(24)	
		地名(30) 地点(30)	
等	děng	等(10)	
底	dǐ	到底(25)	
弟	dì	弟(8)	
第	dì	第(32)	
点	diǎn	一点儿(4)	
		点(7)(9)(30)	
		有点儿(15) 地点(30)	
典	diǎn	词典(21)	
电	diàn	电影(9) 电话(10)	
		电报(20) 电梯(22)	
		电视(32)	
店	diàn	书店(21) 商店(33)	
		饭店(34)	
调	diào	声调(28) 语调(28)	
	tiáo	调皮鬼(29)	
丁	dīng	丁淑琴(16)	
定	dìng	一定(16) 说不定(29)	
		定(33) 决定(34)	
订	dìng	签订(20)	
东	dōng	东西(4) 东(26)	
		东边儿(26)	
冬	dōng	冬天(16)	

懂	dǒng	懂（13）	
动	dòng	活动（4）	
都	dōu	都（10）	
豆	dòu	豆腐（14）	
度	dù	度（15）	
短	duǎn	短（12）	
对	duì	对不起（1）	
		对（1）（22）（29）	
		对方（25）	对象（27）
		对面（35）	
兑	duì	兑换（7）	
多	duō	多少（5）	多（15）
		许多（20）	差不多（25）

E

儿	ér	儿子（2）	女儿（2）
而	ér	而（33）	
二	èr	二（3）	

F

发	fā	发烧（15）	沙发（27）
法	fǎ	法语（28）	语法（28）
		写法（30）	
饭	fàn	饭（11）	饭馆（14）
		米饭（14）	早饭（20）
		饭店（34）	
烦	fan	麻烦（10）	
方	fāng	药方（15）	地方（20）
		双方（20）	方面（21）
		对方（25）	
房	fáng	房间（3）	
访	fǎng	访问（23）	
放	fàng	放（24）	放心（24）
飞	fēi	飞机（20）	
啡	fēi	咖啡（11）	

分	fēn	分（5）（9）	分钟（24）
		分别（27）	
封	fēng	封（5）	
风	fēng	风（16）	风景（18）
疯	fēng	疯（29）	疯子（29）
服	fú	服务员（3）	舒服（15）
		衣服（19）	
福	fú	幸福（27）	
附	fù	附近（24）	
父	fù	父亲（25）	
复	fù	复杂（25）	
夫	fu	大夫（15）	
腐	fu	豆腐（14）	

G

该	gāi	该（9）	应该（22）
改	gǎi	改进（35）	
干	gān	干杯（23）	干净（33）
干	gàn	干（4）	
赶	gǎn	赶快（20）	赶（33）
感	gǎn	感冒（15）	感谢（22）
		感想（33）	
刚	gāng	刚才（19）	刚（21）
钢	gāng	钢笔（11）	
高	gāo	高兴（23）	
糕	gāo	蛋糕（8）	糟糕（9）
搞	gǎo	搞（31）	
告	gào	告诉（27）	
哥	gē	哥哥（21）	
个	gè	个（3）	
给	gěi	给（5）（6）	
跟	gēn	跟（19）	
更	gèng	更（33）	
工	gōng	工作（7）	工厂（27）
		工程师（27）	

公	gōng	公园（17）	公共（27）	过	guo	过（33）
		公斤（35）				
共	gòng	一共（16）	公共（27）			**H**
够	gòu	够（18）	不够（35）	哈	hā	哈（19）
姑	gū	姑姑（24）		还	hái	还（6） 还是（14）
古	gǔ	古玩（20）	古代（21）	孩	hái	孩子（17）
		古老（33）		海	hǎi	海关（35）
故	gù	故宫（4）		汉	hàn	《汉英词典》（21）
刮	guā	刮（16）				汉语（28） 汉字（28）
挂	guà	挂号（6）		翰	hàn	约翰（3）
拐	guǎi	拐（26）		好	hǎo	好（1）（25）
怪	guài	怪不得（17）				好好儿（18） 好了（18）
关	guān	没关系（1） 关（32）				问好 （24）
		关于（32） 海关（35）		号	hào	挂号（6） 号（8）（26）
观	guān	参观（4）				号码儿（22）
管	guǎn	管（25）		喝	hē	喝（2）
馆	guǎn	大使馆（4） 饭馆（14）		和	hé	和（6） 和平新村（26）
		博物馆（31）			hc	暖和（16）
广	guǎng	《广播电视节日报》（32）		合	hé	合适（12） 合同（20）
逛	guàng	逛（21）				结合（23）
规	guī	规律（27）		很	hěn	很（12）
鬼	guǐ	调皮鬼（29）		亨	hēng	亨利（4）
贵	guì	贵（12） 贵姓（31）		红	hóng	红烧（14） 红（16）
柜	guì	衣柜（27）		候	hòu	时候（8）
郭	guō	郭玉珍（28）		后	hòu	后天（10） 大后天（18）
国	guó	国（3） 外国（11）				今后（21） 后边儿（26）
		中国话（13）				后（26）（30） 最后（30）
		国际机场（13）				后来（33）
		国庆（27） 国际（32）		呼	hū	呼吸（15） 称呼（25）
		祖国（35）		糊	hú	糊涂（25）
果	guǒ	如果（30）		互	hù	互相（25）
裹	guǒ	包裹（22）		护	hù	护照（24）
过	guō	不过（18） 过（19）		华	huá	华侨（1） 华清池（33）
		路过（21） 过奖（28）		化	huà	变化（20） 文化（31）
		过来（35）		话	huà	话务员（10） 电话（10）

斤	jīn	公斤 (35)
近	jìn	附近 (24)
进	jìn	进 (2) 进来 (13)
		进去 (22) 改进 (35)
经	jīng	已经 (19) 经济 (31)
睛	jīng	眼睛 (29)
京	jīng	京剧 (10)
景	jǐng	风景 (18) 情景 (27)
敬	jìng	敬 (23)
净	jìng	净 (23) 干净 (33)
镜	jìng	眼镜 (34)
究	jiū	研究 (21)
九	jiǔ	九 (7)
酒	jiǔ	酒 (14) 啤酒 (14)
		酒逢知己千杯少 (23)
旧	jiù	旧 (11) 旧地重游 (18)
就	jiù	就 (14) 成就 (31)
舅	jiù	舅 (34)
局	jú	邮局 (5)
剧	jù	京剧 (10) 剧院 (26)
		话剧 (32) 舞剧 (33)
觉	jué	觉得 (28)
决	juē	决定 (34)

K

咖	kā	咖啡 (11)
开	kāi	开水 (15) 张开 (15)
		离开 (19)
		开 (24) (31) (32)
		开始 (28) 开门 (31)
看	kàn	看 (4) 看病 (15)
		看望 (20) 看见 (29)
康	kāng	健康 (23)
咳	ké	咳嗽 (15)
可	kě	可以 (13) 可能 (18)

		可是 (25) 可不是 (27)
		可 (28) 可惜 (31)
刻	kè	刻 (9)
客	kè	客气 (22)
空	kòng	空儿 (21)
口	kǒu	口 (25) 路口 (26)
裤	kù	裤子 (34)
块	kuài	块 (6)
筷	kuài	筷子 (23)
快	kuài	快 (19) 赶快 (20)
		快车 (21) 特快 (21)
		愉快 (22)
宽	kuān	宽 (33)
款	kuǎn	款待 (24)
况	kuàng	情况 (25)
昆	kūn	昆明 (27)

L

辣	là	辣子 (14)
啦	la	啦 (26)
来	lái	来 (2) (17) (22)
		回来 (9) 进来 (13)
		出来 (16) 起来 (25)
		用来 (25) 后来 (33)
		过来 (35)
览	lǎn	游览 (16)
劳	láo	劳驾 (12)
老	lǎo	老 (2) 老家 (17)
		老人 (17) 老先生 (17)
		老大 (27)
		老友重逢 (27)
		老头儿 (27) 老爷 (30)
		古老 (33)
了	le	了 (9) 好了 (18)
		除了 (28) 怎么了 (29)

		开门(31)	年 nián 年(16) 年级(17)
们	men	们(2) 你们(2)	年龄(17) 青年(31)
		咱们(8) 我们(8)	前年(31) 明年(33)
		他们(18) 她们(21)	年轻(33)
米	mǐ	米饭(14)	念 niàn 念书(18) 念(28)
密	mì	史密斯(3)	纪念(35)
面	miàn	方面(21) 见面(24)	您 nín 您(1)
		面包(27) 面(30)	女 nǚ 女儿(2) 女(29)
		正面(30) 对面(35)	暖 nuǎn 暖和(16)
民	mín	人民币(7) 人民(22)	
明	míng	明天(4) 明信片(6)	**O**
		聪明(29) 明年(33)	哦 ó 哦(4)
名	míng	名字(15)	哦 ò 哦(10)
		名不虚传(23)	
		姓名(25) 地名(30)	**P**
某	mǒu	某(25)	爬 pá 爬(22)
母	mǔ	伯母(16) 母亲(25)	牌 pái 牌价(7) 门牌儿(30)
目	mù	节目(32)	行李牌儿(35)
			判 pàn 谈判(20)
	N		朋 péng 朋友(4) 小朋友(17)
拿	ná	拿(34)	皮 pí 皮(29) 调皮鬼(29)
哪	nǎ	哪(3) 哪儿(3)	啤 pí 啤酒(14)
		哪里(17) 哪些(33)	票 piào 邮票(5) 票(9)
那	nà	那(2) 那么(11)	机票(35)
		那儿(21) 那些(25)	片 piàn 明信片(6) 照片(34)
		那不(29)	频 pín 频道(32)
奶	nǎi	奶奶(17)	品 pǐn 礼品(34)
难	nán	难(28)	瓶 píng 瓶(14)
男	nán	男(29)	平 píng 平安(20)
南	nán	南(26) 南边儿(26)	普 pǔ 普通话(17) 普通(25)
内	nèi	内(20) 内容(30)	
呢	ne	呢(4)	**Q**
能	néng	能(13) 可能(18)	七 qī 七(7)
嗯	ng	嗯(12)	期 qī 星期(8)
你	nǐ	你(2) 你们(2)	星期天(日)(8)

		上海（34）		视	shì	电视（32）	
	shang	晚上（4）		适	shì	合适（12）	
烧	shāo	红烧（14）	发烧（15）	识	shi	认识（25）	
少	shǎo	多少（5）	少（24）	拾	shi	收拾（34）	
绍	shào	介绍（2）		收	shōu	收获（20）	收音机（19）
射	shè	注射（15）				收（28）	收拾（34）
深	shēn	深（15）		手	shǒu	手提包（24）	手艺（27）
身	shēn	身体（17）	身边（27）			手（29）	手套（29）
		身上（29）				招手（29）	手续（35）
什	shén	什么（4）	为什么（25）	首	shǒu	首先（30）	
声	shēng	声调（28）	声音（32）	售	shòu	售货员（11）	
生	shēng	先生（1）	生日（8）	书	shū	念书（18）	书（19）
		医生（15）	老先生（17）			书店（21）	
		学生（28）	生活（28）	舒	shū	舒服（15）	
		留学生（28）	生气（33）	叔	shū	叔叔（25）	
师	shī	工程师（27）		淑	shū	丁淑琴（16）	
十	shí	十（5）		熟	shú	熟练（23）	熟悉（25）
实	shí	实在（20）	确实（23）	树	shù	树（16）	
		实现（35）		束	shù	结束（20）	
时	shí	时候（8）	小时（13）	双	shuāng	双方（20）	
		按时（15）	有时候（16）	谁	shuí	谁（3）	
		时（18）	时间（18）	水	shuǐ	开水（15）	
		当时（31）	随时（35）	睡	shuì	睡（28）	
始	shǐ	开始（28）		顺	shùn	顺便（34）	
史	shǐ	史密斯（3）	历史（21）	说	shuō	说（10）	听说（14）
		史（31）				说曹操，曹操就到（19）	
使	shǐ	大使馆（4）				说话（23）	说不定（29）
是	shì	是（1）	但是（3）	司	sī	司机（13）	
		还是（14）	可是（25）	丝	sī	《丝路花雨》（33）	
		可不是（27）		斯	sī	史密斯（3）	
事	shì	事儿（4）	事情（20）	四	sì	四（7）	
试	shì	试（12）		思	si	有意思（18）	意思（23）
室	shì	室（15）		送	sòng	送（10）	送行（24）
市	shì	市（30）	城市（33）			播送（32）	
示	shì	表示（24）		嗽	sòu	咳嗽（15）	

诉	sù	告诉（27）			天安门（34）
算	suàn	打算（21）	添	tiān	添（24）
随	suí	随时（35）	填	tián	填（7）
岁	suì	岁（17）	条	tiáo	条（26）
孙	sūn	孙子（17）	厅	tīng	大厅（35）
所	suǒ	所以（34）	听	tīng	听（13）　听说（14）
					听见（25）

T

			停	tíng	停（9）
他	tā	他（3）　他们（18）	庭	tíng	家庭（27）
她	tā	她（4）　她们（21）	通	tōng	普通话（17）普通（25）
太	tài	太太（2）　太（12）	同	tóng	同志（3）　合同（20）
		太阳（16）			同行（31）
谈	tán	谈（19）　谈话（19）	筒	tǒng	筒（11）
		谈判（20）	头	tóu	馒头（14）　头（15）
探	tàn	探亲（25）			老头儿（27）
汤	tāng	汤（14）	途	tú	旅途（22）
糖	táng	糖（14）	图	tú	图象（32）
唐	táng	唐代绘画展览（20）	涂	tu	糊涂（25）
		唐（31）	托	tuō	托运（34）
套	tào	手套（29）　套（32）			
特	tè	特快（21）　特意（27）	<center>W</center>		
疼	téng	疼（15）	外	wài	外币（7）　外国（11）
梯	tī	电梯（22）			外（19）
题	tí	问题（13）　题目（31）	完	wán	完（19）
		标题（32）	玩	wán	玩儿（17）　古玩（20）
提	tí	手提包（24）　提（35）	晚	wǎn	晚上（4）　晚（9）
体	tǐ	体温（15）　身体（17）	碗	wǎn	碗（14）
天	tiān	明天（4）　今天（7）	王	wáng	王（1）　王芳（1）
		天（8）星期天（日）（8）			王府井百货大楼（34）
		后天（10）　昨天（11）	往	wǎng	往（22）
		冬天（16）　春天（16）		wàng	往（26）
		夏天（16）　每天（16）	望	wàng	看望（20）　希望（24）
		秋天（16）　天气（16）			愿望（35）
		大后天（18）　天坛（18）	忘	wàng	忘（27）
		前天（24）　天线（32）	围	wéi	围巾（29）　围（29）

伟	wěi	大伟(2) 伟大(22) 雄伟(22)
位	wèi	位(11) 单位(34)
为	wèi	为(21) 为什么(25)
味	wèi	味道(23)
喂	wèi	喂(10)
温	wēn	体温(15) 气温(16) 温泉(33)
文	wén	中文(30) 英文(30) 文化(31)
闻	wén	新闻(32)
问	wèn	请问(1) 问(11) 问题(13) 访问(23) 问好(24)
我	wǒ	我(1) 我们(8)
无	wú	无论(33)
五	wǔ	五(5)
午	wǔ	下午(8) 上午(9) 中午(27)
舞	wǔ	舞蹈(27) 舞剧(33)
物	wù	礼物(8) 博物馆(31)
误	wù	耽误(28)
务	wù	服务员(3) 话务员(10)

X

西	xī	东西(4) 西安(8) 西安大学(31)
吸	xī	呼吸(15)
希	xī	希望(24)
悉	xī	熟悉(25)
习	xí	练习(28) 学习(28)
洗	xǐ	洗澡(33) 洗(34)
喜	xǐ	喜欢(23)
系	xì	没关系(1) 系(31)

细	xì	详细(32)
息	xi	休息(15) 消息(32)
虾	xiā	虾(14)
下	xià	一下儿(2) 下(8)(16)(18) 下午(8) 下来(22) 下去(22) 下边儿(26) 下班(27)
夏	xià	夏天(16)
先	xiān	先生(1) 先(15) 老先生(17) 首先(30)
现	xiàn	现在(9) 实现(35)
线	xiàn	天线(32)
县	xiàn	县(30)
香	xiāng	香山(16)
箱	xiāng	箱子(34)
相	xiāng	相遇(21) 相会(23) 相见时难别亦难(24) 互相(25) 相信(29)
	xiàng	照相(34) 照相机(35)
详	xiáng	详细(32)
想	xiǎng	想(14) 没想到(21) 感想(33)
向	xiàng	向(20)
象	xiàng	象(17) 对象(27) 图象(32)
消	xiāo	消息(32)
小	xiǎo	小姐(1) 小(11) 小卖部(11) 小时(13) 小学(17) 小朋友(17) 小江(17)
笑	xiào	笑(29)
校	xiào	学校(33)
些	xiē	些(14) 这些(14) 那些(25) 哪些(33)

134

写	xiě	写（8）	写法（30）
谢	xiè	谢谢（1）	谢小姐（1）
		不谢（3）	感谢（22）
新	xīn	新（11）	新闻（32）
心	xīn	放心（24）	中心（31）
		心里（35）	衷心（35）
信	xìn	信（5）	信封（5）
		明信片（6）	回信（20）
		相信（29）	
星	xīng	星期（8）	
		星期天（日）（8）	
行	xíng	行（11）	不行（17）
		辞行（20）	行李（24）
		行李牌儿（35）	
	háng	同行（31）	
型	xíng	型（33）	
兴	xìng	高兴（23）	
姓	xìng	姓名（25）	贵姓（31）
幸	xìng	幸福（27）	
雄	xióng	英雄（11）	雄伟（22）
休	xiū	休息（15）	
需	xū	需要（24）	
须	xū	必须（33）	
许	xǔ	许多（20）	
续	xù	手续（35）	
靴	xuē	靴子（29）	
学	xué	上学（17）	小学（17）
		医学（19）	大学（27）
		中学（27）	学（28）
		学生（28）	留学生（28）
		学习（28）	学校（33）
雪	xuě	雪（16）	

Y

呀	yā	哎呀（9）	
鸭	yā	烤鸭（23）	
烟	yān	抽烟（2）	
燕	yān	燕山中学（18）	
言	yán	语言（28）	
研	yán	研究（21）	
颜	yán	颜色（12）	
眼	yǎn	眼睛（29）	眼镜（34）
演	yǎn	演（10）	演员（27）
		上演（33）	
宴	yàn	宴请（23）	
阳	yáng	太阳（16）	
样	yàng	这样（11）	怎么样（12）
		样子（12）	怎样（30）
		一样（30）	
要	yào	要（6）（8）（19）（20）	
		重要（20）	只要（24）
		需要（24）	主要（25）
药	yào	药（15）	药方（15）
		药房（15）	
爷	yé	爷爷（17）	
	ye	老爷（30）	
也	yě	也（4）	也就是说（30）
叶	yè	叶儿（16）	
业	yè	营业员（6）	毕业（27）
衣	yī	大衣（12）	衣服（19）
		衣柜（27）	毛衣（29）
一	yī	一（3）	
	yí	一下（2）	一共（6）
		一会儿（11）	一定（16）
		一路（20）	
		一路顺风（24）	
		一样（30）	一切（33）
	yì	一点儿（4）	一直（18）
		一起（21）	一些（21）
		一家（23）	

准	zhǔn	准备（20）				脖子（29）　箱子（34）
桌	zhuō	桌子（11）				裤子（34）
自	zì	自然（27）　自己（28）	走	zǒu	走（9）　走路（26）
字	zì	名字（15）　汉字（28）	租	zū	出租（13）
子	zi	儿子（2）　单子（7）	祖	zǔ	祖国（35）
		桌子（11）　本子（11）	嘴	zuǐ	嘴（15）
		样子（12）　辣子（14）	最	zuì	最（16）　最后（30）
		孩子（17）　孙子（17）	昨	zuó	昨天（11）
		侄子（21）　叉子（23）	左	zuǒ	左（30）　左右（34）
		刀子（23）　筷子（23）	坐	zuò	坐（2）
		鼻子（26）　椅子（27）	作	zuò	工作（7）　作（21）
		靴子（29）　傻子（29）	做	zuò	做（22）
		疯子（29）　帽子（29）			

$ 10.00

ISBN 0-8351-1841-X

Printed in Hong Kong